Projet OCDE/G20 sur l'érosion de la base d'imposition
et le transfert de bénéfices

Pratiques Fiscales Dommageables - Rapport d'étape de 2018 sur les régimes préférentiels

CADRE INCLUSIF SUR LE BEPS : ACTION 5

Ce document, ainsi que les données et cartes qu'il peut comprendre, sont sans préjudice du statut de tout territoire, de la souveraineté s'exerçant sur ce dernier, du tracé des frontières et limites internationales, et du nom de tout territoire, ville ou région.

Merci de citer cet ouvrage comme suit :
OCDE (2019), *Pratiques Fiscales Dommageables - Rapport d'étape de 2018 sur les régimes préférentiels : Cadre inclusif sur le BEPS : Action 5, Projet OCDE/G20 sur l'érosion de la base d'imposition et le transfert de bénéfices*, Éditions OCDE, Paris.
https://doi.org/10.1787/9789264311503-fr

ISBN 978-92-64-31149-7 (imprimé)
ISBN 978-92-64-31150-3 (pdf)

Série : Projet OCDE/G20 sur l'érosion de la base d'imposition et le transfert de bénéfices
ISSN 2313-2620 (imprimé)
ISSN 2313-2639 (en ligne)

Crédits photo : © ninog-Fotolia.com.

Avant-propos

L'intégration des économies et des marchés nationaux a connu une accélération marquée ces dernières années, mettant à l'épreuve le cadre fiscal international conçu voilà plus d'un siècle. Les règles en place ont laissé apparaître des fragilités qui sont autant d'opportunités pour des pratiques d'érosion de la base d'imposition et de transfert de bénéfices (BEPS), appelant une action résolue de la part des dirigeants pour restaurer la confiance dans le système et faire en sorte que les bénéfices soient imposés là où les activités économiques sont réalisées et là où la valeur est créée.

À la suite de la parution du rapport intitulé *Lutter contre l'érosion de la base d'imposition et le transfert de bénéfices* en février 2013, les pays de l'OCDE et du G20 ont adopté en septembre 2013 un Plan d'action en 15 points visant à combattre ces pratiques. Les 15 actions à mener s'articulent autour de trois principaux piliers : harmoniser les règles nationales qui influent sur les activités transnationales, renforcer les exigences de substance dans les standards internationaux existants, et améliorer la transparence ainsi que la sécurité juridique.

Après deux ans de travail, des mesures en réponse aux 15 actions ont été présentées aux dirigeants des pays du G20 à Antalya en novembre 2015. Tous ces rapports, y compris ceux publiés à titre provisoire en 2014, ont été réunis au sein d'un ensemble complet de mesures, qui représente le premier remaniement d'importance des règles fiscales internationales depuis près d'un siècle. La mise en œuvre des nouvelles mesures devrait conduire les entreprises à déclarer leurs bénéfices là où les activités économiques qui les génèrent sont réalisées et là où la valeur est créée. Les stratégies de planification fiscale qui s'appuient sur des règles périmées ou sur des dispositifs nationaux mal coordonnés seront caduques.

La mise en œuvre est désormais au centre des travaux. L'application des mesures prévues passe par des modifications de la législation et des pratiques nationales ainsi que des conventions fiscales. La négociation d'un instrument multilatéral visant à faciliter la mise en œuvre des mesures liées aux conventions a abouti en 2016, et plus de 80 pays sont couverts par cet instrument multilatéral. Son entrée en vigueur le 1er juillet 2018 ouvrira la voie à une mise en œuvre rapide des mesures liées aux conventions. Les pays de l'OCDE et du G20 ont également décidé de poursuivre leur coopération en vue de garantir une application cohérente et coordonnée des recommandations issues du projet BEPS et de rendre le projet plus inclusif. La mondialisation exige de trouver des solutions de portée mondiale et de nouer un dialogue mondial qui va au-delà des pays de l'OCDE et du G20.

Une meilleure compréhension de la manière dont les recommandations issues du projet BEPS sont mises en pratique pourrait limiter les malentendus et les différends entre États. Une attention accrue portée à la mise en œuvre des actions et à l'administration de l'impôt pourrait être bénéfique tant pour les États que pour les entreprises. Enfin, des solutions sont proposées pour améliorer les données et les analyses, ce qui permettra d'évaluer et de quantifier régulièrement l'impact des mécanismes d'érosion de la base d'imposition et transfert de bénéfices et les effets des mesures issues du projet BEPS appliquées pour lutter contre ces pratiques.

De ce fait, l'OCDE a établi le Cadre inclusif sur le BEPS, rassemblant sur un pied d'égalité tous les pays et juridictions intéressés et engagés dans le Comité des affaires fiscales et ses organes subsidiaires. Le Cadre inclusif, qui compte déjà plus de 120 membres, contrôle la mise en œuvre des standards minimums à travers des examens par les pairs, et finalise actuellement l'élaboration de normes pour résoudre les problèmes liés au BEPS. En plus des membres du projet BEPS, d'autres organisations internationales et organismes fiscaux régionaux sont engagés dans les travaux du Cadre inclusif, et les entreprises et la société civile sont également consultées sur différentes problématiques.

Ce rapport a été approuvé par le Cadre inclusif sur le BEPS le 24 janvier 2019 et préparé pour publication par le Secrétariat de l'OCDE.

Table des matières

Tableaux

Graphiques

Suivez les publications de l'OCDE sur :

Abréviations et acronymes

BEPS	Érosion de la base et transfert de bénéfices
FDII	Déduction au titre de revenus tirés d'actifs incorporels situés à l'étranger (Foreign-derived intangible income)
FHTP	Forum sur les pratiques fiscales dommageables
GT10	Groupe de travail numéro 10
OCDE	Organisation de cooperation et de développement économiques
OMI	Organisation maritime internationale
PI	Proprieté intellectuelle
XML	Langage de balisage extensible

Résumé

1.   L'Action 5 du Projet BEPS est l'un des quatre standards minimums prévus par le Projet BEPS que tous les membres du Cadre inclusif se sont engagés à mettre en œuvre.[1] À ce jour, 127 juridictions ont adhéré au Cadre inclusif et trois juridictions d'intérêt ont été identifiées et intégrées dans le processus d'examen.

2.   Depuis le début du Projet BEPS, le Forum sur les pratiques fiscales dommageables (FHTP) a examiné un nombre considérable de régimes préférentiels. Les résultats de ces examens sont présentés dans le Rapport sur l'Action 5 du Projet BEPS (OCDE, 2016[1]) et dans le Rapport d'étape de 2017 (OCDE, 2017[2]) et sont publiés régulièrement sur le site de l'OCDE dès qu'ils sont disponibles.

3.   Depuis la publication du Rapport d'étape de 2017 (OCDE, 2017[2]) en octobre 2017, le FHTP a poursuivi ses travaux d'examen des régimes préférentiels relevant de l'Action 5 du Projet BEPS. En 2017, des engagements ont été pris en vue de rendre plus de 80 régimes compatibles avec le standard minimum de l'Action 5 du Projet BEPS. En 2018, les juridictions ont presque toutes honoré ces engagements ; les détails concernant chaque juridiction figurent dans le chapitre 3 du présent Rapport d'étape. En outre, le FHTP a entrepris d'examiner les régimes préférentiels de nouveaux membres du Cadre inclusif ainsi que des régimes récemment institués, de sorte que le nombre total de régimes examinés depuis le lancement du Projet BEPS est de 255.

4.   Les résultats obtenus à ce jour montrent que tous les régimes de PI, à une exception près, sont à présent soit supprimés, soit modifiés de sorte qu'ils soient compatibles avec l'approche du lien. Ces modifications font qu'il n'est plus possible d'octroyer à un contribuable, en vertu d'un régime préférentiel, des avantages offerts au titre de revenus d'actifs de PI en l'absence d'activités de recherche et développement sous-jacentes menées pour créer ces actifs. Parallèlement, [quasiment] tous les régimes ne relevant pas de la PI comportent désormais des exigences relatives aux activités substantielles destinées à mieux faire coïncider l'imposition avec le lieu de la création de valeur.

5.   Le cas échéant, d'autres modifications ont été effectuées pour parvenir à la conformité au standard. Certaines mesures de cantonnement par exemple, conçues pour attirer des investissements tout en protégeant la base d'imposition, ont également été supprimées par quasiment toutes les juridictions, soit parce que le régime en tant que tel a été supprimé, soit parce qu'il a été ouvert au marché intérieur. En outre, des régimes péchant par manque de transparence ont également été modifiés pour faire en sorte que les conditions d'accès à ces régimes soient claires et connues à l'avance. Enfin, toutes les clauses de sauvegarde prendront fin au plus tard le 30 juin 2021.

Graphique 1. Résultats des examens des régimes préférentiels : 255 régimes examinés en janvier 2019

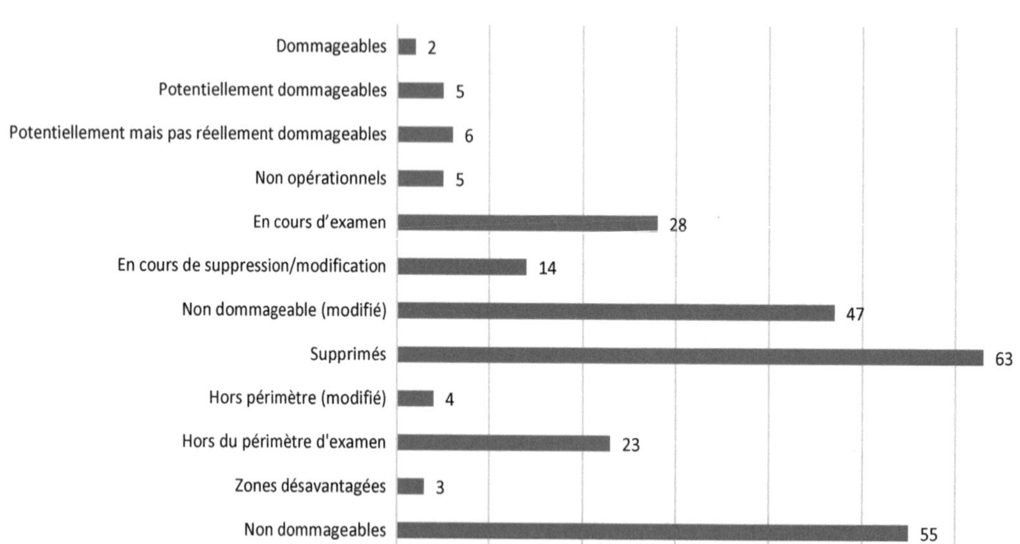

6.	En outre, les travaux entrepris sous l'égide du Cadre inclusif concernant les ajouts et les révisions à apporter au cadre pour les pratiques fiscales dommageables en exécution du mandat découlant du Plan d'action BEPS ont avancé. Dans le cadre de ce processus, le FHTP a adopté un nouveau standard pour l'application des exigences en matière d'activités substantielles aux juridictions qui ne prélèvent qu'un impôt insignifiant, voire aucun impôt, et ce, dans le but garantir l'équité des règles du jeu entre les juridictions qui introduisent des exigences relatives aux activités substantielles dans les régimes préférentiels et celles qui prélèvent un impôt nul, ou quasi-nul, sur les bénéfices des sociétés. De plus, à la lumière des enseignements tirés du Projet BEPS et des examens des régimes conduits par le FHTP, un certain nombre de points importants ont été éclaircis, notamment en ce qui concerne la révision des facteurs essentiels et des autres facteurs et la définition d'orientations sur l'application de ces facteurs à l'évaluation des régimes. L'Annexe A du Rapport d'étape présente les résultats détaillés de ces travaux[2].

7.	Par ailleurs, le FHTP a entrepris le deuxième examen annuel du cadre de transparence dont les résultats ont été publiés séparément fin 2018 (OCDE, 2018[3]).

8.	Le présent Rapport d'étape expose tout d'abord les résultats détaillés du processus d'examen régime par régime. Il décrit ensuite les prochaines étapes que doit suivre le FHTP en 2019. Il s'agira dans un premier temps d'examiner l'application du nouveau standard mondial sur les activités substantielles aux juridictions qui ne prélèvent qu'un impôt insignifiant, voire aucun impôt. Le FHTP poursuivra par ailleurs ses travaux relatifs à tous les aspects des pratiques fiscales dommageables tels que l'application d'un taux d'imposition effectif nul ou peu élevé et la question de savoir s'il y a lieu de porter plus loin la réflexion sur les systèmes fiscaux territoriaux, en prenant en compte les travaux menés sous l'égide du Cadre inclusif, notamment sur l'économie numérique. Il poursuivra également ses travaux relatifs à l'application effective du standard en élargissant le périmètre du suivi de la mise en œuvre. Les régimes ne relevant pas de la PI comportant des clauses de sauvegarde constituent l'un des aspects à prendre en compte : le processus de suivi des données pertinentes est décrit à l'Annexe B. Enfin, l'Annexe C contient une vue d'ensemble des travaux sur les pratiques fiscales dommageables publiés depuis le rapport de 1998 (OCDE, 1998[4]).

Notes

[1] Certains régimes préférentiels comportant des caractéristiques dommageables peuvent être proposés par des juridictions non membres du Cadre inclusif. Dans un souci d'équité des règles du jeu, les membres du Cadre inclusif peuvent considérer que ces juridictions sont concernées par les travaux du FHTP et doivent faire l'objet d'un examen selon les mêmes critères que ceux appliqués à toutes les autres juridictions. Il s'agit des « juridictions d'intérêt ».

[2] Une partie des résultats des travaux sur la réintroduction de l'application du facteur d'activité substantielle aux juridictions qui ne prélèvent qu'un impôt insignifiant, voire aucun impôt, a déjà fait l'objet d'une publication séparée en novembre 2018, avant d'être intégrée dans le présent document aux fins de dresser un tableau complet des activités du FHTP.

Références

OCDE (2018), *Harmful Tax Practices – 2017 Peer Review Reports on the Exchange of Information on Tax Rulings : Inclusive Framework on BEPS: Action 5*, Projet OCDE/G20 sur l'érosion de la base d'imposition et le transfert de bénéfices, Éditions OCDE, Paris, https://dx.doi.org/10.1787/9789264309586-en. [3]

OCDE (2017), *Pratiques fiscales dommageables - Rapport d'étape de 2017 sur les régimes préférentiels : Cadre inclusif sur le BEPS : Action 5*, Projet OCDE/G20 sur l'érosion de la base d'imposition et le transfert de bénéfices, Éditions OCDE, Paris, https://dx.doi.org/10.1787/9789264283961-fr. [2]

OCDE (2016), *Lutter plus efficacement contre les pratiques fiscales dommageables, en prenant en compte la transparence et la substance, Action 5 - Rapport final 2015*, Projet OCDE/G20 sur l'érosion de la base d'imposition et le transfert de bénéfices, Éditions OCDE, Paris, https://dx.doi.org/10.1787/9789264255203-fr. [1]

OCDE (2004), *Consolidated Application Note - Guidance in applying the 1998 report to preferential tax regimes*, OCDE, Paris, http://www.oecd.org/tax/transparency/about-the-global-forum/publications/1998-consolidated-application-note.pdf. [5]

OCDE (1998), *Concurrence fiscale dommageable : Un problème mondial*, Éditions OCDE, Paris, https://dx.doi.org/10.1787/9789264262942-fr. [4]

Chapitre 1. Examen des régimes préférentiels par le FHTP

9.   Pendant plus de 20 ans, le FHTP a examiné des régimes préférentiels afin de s'assurer qu'ils ne présentent pas de caractéristiques pouvant avoir des conséquences négatives sur la base d'imposition d'autres juridictions et risquant d'entraîner un nivellement par le bas. Ce processus passe par un examen détaillé de la législation applicable et un dialogue ouvert entre les membres du FHTP (dont font partie, depuis 2016, tous les membres du Cadre inclusif), y compris avec la juridiction offrant le régime concerné. Les travaux sont essentiellement axés sur les régimes préférentiels consistant à accorder des avantages au titre de revenus provenant d'activités géographiquement mobiles (notamment de revenus tirés de la fourniture de biens incorporels et de services financiers) qui présentent un risque de BEPS. L'examen ne porte pas sur les régimes visant des activités qui ne sont pas géographiquement mobiles comme la production manufacturière, sachant que celles-ci présentent, par nature, un risque plus faible de BEPS. Ces activités se situent hors du périmètre des travaux du FHTP depuis le Rapport de 1998 (OCDE, 1998[1]).

10.   Les membres du Cadre inclusif s'engagent à s'assurer que leurs régimes préférentiels ne comportent aucun des facteurs essentiels utilisés dans le cadre du processus d'examen, et s'il apparaît qu'ils en comportent, à faire en sorte qu'ils soient modifiés ou supprimés. Ces facteurs, définis à l'origine dans le rapport de 1998 (OCDE, 1998[1]) dans lequel étaient posés les fondements des travaux de l'OCDE sur les pratiques fiscales dommageables, ont été revus par le Cadre inclusif (comme indiqué de façon détaillée dans l'Annexe A au présent Rapport d'étape) et se déclinent désormais en cinq facteurs essentiels et cinq autres facteurs.

Tableau 1.1. Critères d'évaluation des régimes fiscaux préférentiels

Cinq facteurs essentiels
Le régime prévoit un taux effectif d'imposition nul ou peu élevé sur les revenus provenant d'activités financières et d'autres activités de service géographiquement mobiles.
Le régime est cantonné par rapport à l'économie nationale.
Le régime manque de transparence.
Il n'existe pas d'échange effectif de renseignements concernant le régime.
Le régime ne prévoit aucun critère concernant les activités substantielles[1].
Cinq autres facteurs
Définition artificielle de la base d'imposition
Non-respect des principes internationaux applicables en matière de prix de transfert
Exonération de l'impôt du pays de résidence pour les revenus de source étrangère
Possibilité de négocier le taux ou l'assiette d'imposition
Existence de dispositions relatives au secret

1. À savoir notamment le Rapport final de 2015 sur l'Action 5 du Projet BEPS (OCDE, 2016[1]), le Rapport d'étape de 2017 (OCDE, 2017[2]) et toute orientation éventuelle relative aux activités substantielles adoptée par le FHTP, puis par les membres du Cadre inclusif.

11.   Chaque facteur essentiel est décrit succinctement ci-après.

- *Le régime prévoit un taux effectif d'imposition nul ou peu élevé sur les revenus provenant d'activités financières et d'autres activités de service géographiquement mobiles.*

  L'application d'un taux effectif d'imposition nul ou peu élevé est un point de départ nécessaire à la réalisation d'un examen visant à déterminer si un régime préférentiel est dommageable. Lorsqu'un régime préférentiel consiste à accorder des avantages au titre de revenus provenant d'activités géographiquement mobiles et qu'il satisfait au critère précédent, il relève du périmètre du FHTP. Cependant, le critère du taux d'imposition ne suffit pas pour permettre de déduire qu'un régime préférentiel est dommageable ; il s'agit plutôt d'un critère de déclenchement du processus qui, s'il est satisfait, amène le FHTP à poursuivre le processus d'examen afin de déterminer si l'un ou plusieurs des autres facteurs essentiels sont remplis.

- *Le régime est cantonné par rapport à l'économie nationale.*

  Certains régimes fiscaux préférentiels sont partiellement ou totalement cantonnés par rapport à l'économie nationale de la juridiction qui les a institués. Le fait qu'une juridiction ait conçu un régime de manière à en protéger sa propre économie en le cantonnant est un signal fort indiquant que le régime peut avoir des retombées dommageables. Le cantonnement d'un régime se caractérise essentiellement par le fait qu'il repose sur des obstacles juridiques et administratifs à la participation à l'économie nationale plutôt que par le fait que seul un petit nombre de contribuables résidents bénéficient du régime[1]. Le cantonnement peut revêtir diverses formes, notamment :

  o   Un régime peut, explicitement ou implicitement, interdire aux contribuables résidents d'en bénéficier.

  o   Les entreprises qui bénéficient du régime peuvent se voir interdire, expressément ou non, d'opérer sur le marché national.

- *Le régime manque de transparence.*

  La non-transparence peut découler de la façon dont le régime est conçu et administré. Par exemple, les détails de ce régime ou de son application ne sont pas apparents ou bien la supervision réglementaire ou la communication d'informations financières est inadéquate.

- *Il n'existe pas d'échange effectif de renseignements concernant le régime.*

  Lorsque la juridiction n'a pas mis en place d'échange effectif de renseignements concernant le régime, il peut en résulter une incapacité des autres administrations fiscales à mettre en œuvre efficacement ses propres règles.

- *Le régime encourage les activités ou arrangements dont les motivations sont exclusivement fiscales et qui ne supposent aucune activité substantielle.*

  Ce facteur a été défini dans le cadre des travaux conduits au titre du Rapport sur l'Action 5 du Projet BEPS (OCDE, 2015) aux termes duquel, pour pouvoir bénéficier d'un régime préférentiel, le contribuable doit avoir exercé les activités ayant généré les revenus.

Dans le cas de régimes consistant à octroyer des avantages au titre de revenus provenant de la propriété intellectuelle (« PI »), ce critère renvoie à la conformité à l'approche du lien telle que décrite de façon détaillée dans le Rapport sur l'Action 5 (OCDE, 2016[2]). Cette approche impose l'existence d'un lien proportionnel entre les revenus bénéficiant du régime de PI et les activités de recherche et de développement sous-jacentes menées par le contribuable qui sont à l'origine de la propriété intellectuelle. Le FHTP emploie une approche portant sur le fond qui consiste à examiner les régimes de PI visant les revenus tirés de la PI (notamment les régimes spéciaux applicables aux brevets) de même que les régimes octroyant des avantages au titre d'un large éventail d'activités géographiquement mobiles, mais prenant en considération les revenus tirés de la PI (comme les régimes de certaines zones franches ou les régimes d'entreprises commerciales internationales).

Le Rapport sur l'Action 5 (OCDE, 2016[2]) présente également des orientations plus générales sur l'application du critère d'activité substantielle aux régimes ne relevant pas de la PI, et l'approche adoptée par le FHTP est expliquée plus en détail à l'Annexe D du Rapport d'étape de 2017 (OCDE, 2017[3]). Celle-ci a pour but de s'assurer que les activités essentielles génératrices de revenus sont exercées en faisant appel à un nombre suffisant de salariés à temps plein possédant les compétences requises et en engageant des dépenses opérationnelles suffisantes, et qu'un mécanisme transparent permettant de vérifier le respect de cette obligation par le contribuable a été mis en place.

12.   Dans bien des cas, les gouvernements des juridictions prennent l'engagement de modifier ou de supprimer dans un certain laps de temps les régimes à propos desquels le FHTP a exprimé la crainte qu'ils ne présentent des aspects potentiellement dommageables, et il est apparu que ces régimes sont en cours de modification ou de suppression. Si le FHTP conclut qu'un régime satisfait au facteur du taux d'imposition nul ou peu élevé et qu'il satisfait également à un ou plusieurs autres facteurs, alors, en l'absence d'un engagement à modifier ou supprimer ledit régime, ou faute d'une concrétisation de cet engagement dans le délai convenu, celui-ci apparaît comme potentiellement dommageable.

13.   Lorsque le FHTP conclut qu'un régime est potentiellement dommageable, l'étape suivante consiste à évaluer s'il a des effets économiques dommageables. À cette fin, des données économiques sont utilisées (dont le nombre de contribuables et le montant des revenus bénéficiant du régime). Lorsqu'il apparaît, au vu de ses effets économiques, que le régime n'est pas dommageable dans la pratique, le régime est considéré comme potentiellement dommageable, mais pas effectivement dommageable. Il en découle que la juridiction n'est pas tenue de prendre des mesures pour modifier le régime, mais que celui-ci est soumis à un processus de suivi annuel conduit par le FHTP et que, lorsque des évolutions dans ses effets économiques sont observées, la conclusion le concernant peut être revue. Lorsqu'il apparaît qu'un régime est effectivement dommageable, on attend de la juridiction qu'elle le modifie ou le supprime dans les délais prévus par le FHTP, ce qui suppose qu'elle veille à ce que les régimes de cette nature soient rapidement fermés aux nouveaux adhérents et à ce qu'ils ne puissent être étendus à de nouvelles activités, et à ce que les clauses de sauvegarde éventuelles ne soient prévues que pour une période de transition limitée. Les délais prévus sont les suivants :

Tableau 1.2. Dates limites pour les clauses de sauvegarde

Rapport	Délais		
Rapport sur l'Action 5	Le rapport prévoit, pour les régimes de PI des pays de l'OCDE/du G20, les délais suivants :		
	Date limite pour bénéficier des clauses de sauvegarde	Dès que possible et le 30 juin 2016 au plus tard Pour les actifs de PI acquis auprès d'une partie liée : 1er janvier 2016	
	Date butoir (date de modification/suppression du régime)	Dès que possible et le 30 juin 2016 au plus tard	
	Période de transition pour les clauses de sauvegarde (date de suppression définitive du régime)	30 juin 2021	
Rapport d'étape de 2017 Annexe B	Le rapport prévoit, pour les régimes apparaissant dans la liste des régimes « en cours de modification/suppression » et auxquels s'applique l'Annexe B du Rapport d'étape de 2017, les délais suivants : [1]		
		Régimes de PI	**Régimes ne relevant pas de la PI**
	Date limite pour bénéficier des clauses de sauvegarde	Dès que possible et le 30 juin 2018 au plus tard Pour les actifs de PI acquis par des parties auprès d'une partie liée : Date de la publication du Rapport d'étape (16 octobre 2017)	Date de la publication du Rapport d'étape (16 octobre 2017)
	Période de transition pour les clauses de sauvegarde (date de suppression définitive du régime)	30 juin 2021	30 juin 2021

1. Les nouveaux délais pour les autres régimes de PI (notamment ceux des juridictions ayant adhéré plus tard au Cadre inclusif) seront publiés ultérieurement.

14.   Le chapitre suivant présente un point sur le statut des régimes. Les tableaux comportent une colonne réservée aux commentaires dans laquelle on trouve des informations complémentaires concernant les aspects potentiellement dommageables qui ont été supprimés, la mise en place de clauses de sauvegarde éventuelles, le fait que le régime a été récemment institué par la juridiction ainsi que tout autre détail pertinent.

Notes

[1] Voir Annexe A, paragraphe 77 pour une analyse plus poussée.

References

OCDE (2017), *Pratiques fiscales dommageables - Rapport d'étape de 2017 sur les régimes préférentiels : Cadre inclusif sur le BEPS : Action 5*, Projet OCDE/G20 sur l'érosion de la base d'imposition et le transfert de bénéfices, Éditions OCDE, Paris, https://dx.doi.org/10.1787/9789264283961-fr. [3]

OCDE (2016), *Lutter plus efficacement contre les pratiques fiscales dommageables, en prenant en compte la transparence et la substance, Action 5 - Rapport final 2015*, Projet OCDE/G20 sur l'érosion de la base d'imposition et le transfert de bénéfices, Éditions OCDE, Paris, https://dx.doi.org/10.1787/9789264255203-fr. [2]

OCDE (1998), *Concurrence fiscale dommageable : Un problème mondial*, Éditions OCDE, Paris, https://dx.doi.org/10.1787/9789264262942-fr. [1]

Chapitre 2. Point sur le statut des régimes

15.   Cette partie contient un point sur les régimes fiscaux préférentiels examinés par le FHTP. Dans tous les tableaux ci-après, les termes utilisés revêtent la signification suivante :

Tableau 2.1. Signification des résultats pour les régimes fiscaux préférentiels

Résultat	Signification
Dommageable	Le régime a des caractéristiques et des effets économiques dommageables. On attend de la juridiction qu'elle prenne des mesures pour supprimer les caractéristiques dommageables du régime.
Potentiellement, mais pas effectivement dommageable	Le régime relève du périmètre, satisfait au critère du taux effectif d'imposition nul ou peu élevé et remplit un ou plusieurs des critères, mais une évaluation de effets économiques montre qu'il n'a pas de conséquences dommageables dans la pratique. Le régime fait l'objet d'un processus de suivi annuel conduit par le FHTP, et lorsque des évolutions sont constatées, le FHTP peut revoir sa conclusion.
Potentiellement dommageable	Le régime relève du périmètre, satisfait au critère du taux effectif d'imposition nul ou peu élevé et remplit un ou plusieurs des critères. Il n'y a toutefois pas eu d'évaluation des effets économiques permettant de déterminer si le régime est (effectivement) « dommageable ».
Non dommageable	Le régime relève du périmètre, mais ne présente aucune caractéristique satisfaisant à l'un des critères.
Non dommageable (modifié)	Le régime n'est pas dommageable compte tenu des modifications opérées pour faire en sorte de supprimer ses caractéristiques dommageables.
Hors périmètre	Le régime ne prévoit pas l'octroi d'avantages fiscaux au titre d'activités géographiquement mobiles.
Hors périmètre (modifié)	Le régime se situe hors périmètre compte tenu des modifications opérées de sorte qu'il ne prévoit plus l'octroi d'avantages fiscaux au titre d'activités géographiquement mobiles.
En cours de modification/de suppression	La juridiction a fait part au FHTP de l'engagement de son gouvernement de supprimer ou de modifier le régime à la lumière des discussions avec le FHTP relatives aux caractéristiques du régime qui sont préoccupantes. Pour les régimes examinés en 2017 et après, cet engagement suppose celui de procéder aux modifications dans le délai indiqué.
Supprimé	Une date précise de suppression totale du régime a été annoncée, et le régime est transparent et donne lieu à des échanges effectifs de renseignements. Aucun nouvel adhérent au régime n'est accepté. Toute clause de sauvegarde visant les bénéficiaires préexistants est compatible avec le cadre et les délais applicables.
Non opérationnel	La juridiction n'a pas appliqué le régime et aucun contribuable n'est en mesure d'en bénéficier. Si le régime devient opérationnel dans l'avenir, la juridiction s'est engagée à en informer le FHTP et le régime fera l'objet d'un examen.
En cours d'examen	Le FHTP continue d'examiner les caractéristiques du régime afin de déterminer si les critères sont satisfaits.

Régimes listés dans le Rapport de 2015 sur l'Action 5 du BEPS

16.   Ce paragraphe présente un point sur le statut des régimes listés dans le rapport de 2015 sur l'Action 5 du Projet BEPS. (OCDE, 2016[1])

Tableau 2.2. Régimes de PI

	Juridiction	Nom du régime	Statut	Commentaires
1.	Belgique	Déduction pour revenus d'innovation	Non dommageable (modifié)	Critère de la substance (approche du lien). Clauses de sauvegarde applicables jusqu'aux dates limites définies par le FHTP.
2.	Chine (République populaire de)	Taux réduit pour les entreprises de hautes et nouvelles technologies	Non dommageable[1]	Absence de caractéristiques dommageables.
3.	Colombie	Régime pour les logiciels	Supprimé	Pas de clauses de sauvegarde.
4.	France	Application d'un taux réduit d'imposition des sociétés aux revenus de PI[2]	Non dommageable (modifié)	Critère de la substance (approche du lien). Pas de clauses de sauvegarde.
5.	Hongrie	Régime de PI pour les redevances et les plus-values	Non dommageable (modifié)	Critère de la substance (approche du lien). Clauses de sauvegarde applicables jusqu'aux dates limites définies par le FHTP.
6.	Israël	Régime préférentiel de certains revenus de sociétés	Non dommageable (modifié)	Critère de la substance (approche du lien). Clauses de sauvegarde applicables jusqu'aux dates limites définies par le FHTP.
7.	Italie	Imposition du revenu tiré d'actifs incorporels	Non dommageable (modifié) sauf en ce qui concerne l'extension aux nouveaux adhérents pour la marque de commerce[3] entre le 1er juillet 2016 et le 31 décembre 2016, qui est dommageable	Critère de la substance (approche du lien) et clauses de sauvegarde applicables jusqu'aux dates limites définies par le FHTP.
8.	Luxembourg	Exonération partielle des revenus/des plus-values produits par certains droits de PI	Supprimé	Clauses de sauvegarde applicables jusqu'aux dates limites définies par le FHTP.
9.	Pays-Bas	Régime applicable aux innovations	Non dommageable (modifié)	Critère de la substance (approche du lien). Clauses de sauvegarde applicables jusqu'aux dates limites définies par le FHTP.
10.	Portugal	Exonération partielle des revenus produits par certains actifs incorporels	Non dommageable (modifié)	Critère de la substance (approche du lien). Clauses de sauvegarde applicables jusqu'aux dates limites définies par le FHTP.
11.	Espagne	Exonération partielle des revenus de certains biens actifs incorporels (Régime Fédéral)	Non dommageable (modifié)[4]	Critère de la substance (approche du lien). Clauses de sauvegarde applicables jusqu'aux dates limites définies par le FHTP.
12.	Espagne	Exonération partielle des revenus de certains biens actifs incorporels (Pays basque)	Non dommageable (modifié)[5]	Critère de la substance (approche du lien). Clauses de sauvegarde applicables jusqu'aux dates limites définies par le FHTP.

	Juridiction	Nom du régime	Statut	Commentaires
13.	Espagne	Exonération partielle des revenus de certains biens actifs incorporels (Navarre)	Non dommageable (modifié)[6]	Critère de la substance (approche du lien). Clauses de sauvegarde applicables jusqu'aux dates limites définies par le FHTP.
14.	Suisse – Canton de Nidwald	Régime pour les produits de licences	Non dommageable (modifié)	Critère de la substance (approche du lien). Clauses de sauvegarde applicables jusqu'aux dates limites définies par le FHTP.
15.	Turquie	Régime applicable aux zones de développement technologique	Non dommageable (modifié) sauf en ce qui concerne l'extension aux nouveaux adhérents entre le 1er juillet 2016 et le 19 octobre 2017, qui est dommageable	Critère de la substance (approche du lien) et clauses de sauvegarde applicables jusqu'aux dates limites définies par le FHTP.
16.	Royaume-Uni	Applicable aux brevets	Non dommageable (modifié)	Critère de la substance (approche du lien). Clauses de sauvegarde applicables jusqu'aux dates limites définies par le FHTP.

Note : Voir le tableau 6.1 du Rapport de 2015 sur l'Action 5 du BEPS. (OCDE, 2016[1])

1. Bien que, techniquement parlant, ce régime ne soit pas conforme à l'approche du lien, il est considéré comme étant fonctionnellement équivalent et donc non dommageable, compte tenu de ses caractéristiques distinctes et clauses de protection, et de la volonté de la Chine de communiquer des informations supplémentaires.

2. Anciennement « Taux réduit sur les plus-values à long terme et les bénéfices générés par la concession de licences d'exploitation de droits de PI ».

3. Le régime italien de PI n'incluait pas et n'inclut pas dans les actifs éligibles des actifs de commercialisation autres que les marques de commerce.

4. Le régime espagnol d'exonération partielle des revenus de certains biens incorporels n'était pas conforme à l'approche du lien pour les actifs de PI acquis auprès de parties liées au cours de la période comprise entre le 1er janvier 2017 et le 31 décembre 2017 et pour les nouveaux contribuables qui ont adhéré au régime entre le 1er juillet 2016 et le 31 décembre 2017.

5. Voir note précédente.

6. Voir note précédente.

Tableau 2.3. Régimes ne relevant pas de la PI

	Juridiction	Nom du régime	Statut	Commentaires
1.	Argentine	Régime promotionnel pour l'industrie des logiciels	Non dommageable	Absence de caractéristiques dommageables.
2.	Australie	Régime « applicable aux revenus réalisés par des non-résidents » (dit « Conduit foreign income regime »)	Non dommageable	Absence de caractéristiques dommageables.
3.	Brésil	PADIS - secteur des semi conducteurs	Non dommageable	Absence de caractéristiques dommageables.
4.	Canada	Régime de l'assurance-vie	Potentiellement mais pas effectivement dommageable	Cantonnement, mais pas d'effets économiques dommageables dans la pratique. Régime faisant l'objet d'un suivi annuel.
5.	Chine (République populaire de)	Taux réduit pour les entreprises de technologies avancées	Non dommageable	Absence de caractéristiques dommageables.

	Juridiction	Nom du régime	Statut	Commentaires
6.	Colombie	Régime des investissements de portefeuille à l'étranger	Non dommageable	Absence de caractéristiques dommageables.
7.	Grèce	Ingénierie et construction offshore	Non dommageable (modifié)	Caractéristiques de cantonnement supprimées. Pas de clauses de sauvegarde.
8.	Inde	Déduction à l'égard de certains revenus de services d'opérations bancaires offshore et de centres de services financiers internationaux	Non dommageable	Absence de caractéristiques dommageables.
9.	Inde	Dispositions spéciales relativement à de nouvelles entités établies dans des zones économiques spéciales	Non dommageable	Absence de caractéristiques dommageables.
10.	Inde	Dispositions spéciales relatives aux revenus des sociétés de transport – régime de taxation au tonnage	Non dommageable	Absence de caractéristiques dommageables.
11.	Inde	Imposition des bénéfices et gains des entreprises d'assurance vie	Non dommageable	Absence de caractéristiques dommageables.
12.	Indonésie	Régime associé aux sociétés cotées	Hors périmètre	Absence de revenus provenant d'activités géographiquement mobiles.
13.	Indonésie	Régime d'aide à l'investissement	Hors périmètre	Absence de revenus provenant d'activités géographiquement mobiles.
14.	Indonésie	Régime des zones économiques spéciales	Hors périmètre	Absence de revenus provenant d'activités géographiquement mobiles.
15.	Indonésie	Régime d'exonération fiscale	Hors périmètre	Absence de revenus provenant d'activités géographiquement mobiles.
16.	Japon	Zones spéciales de compétitivité internationale	Non dommageable2	Absence de caractéristiques dommageables.
17.	Japon	Mesures pour promouvoir la recherche-développement	Non dommageable3	Absence de caractéristiques dommageables.
18.	Lettonie	Régime applicable au transport maritime	Non dommageable	Absence de caractéristiques dommageables.
19.	Lettonie	Zones économiques spéciales	Régime relatif aux zones désavantagées	Suivi destiné à veiller à ce que le risque de BEPS demeure faible.
20.	Luxembourg	Société de gestion de patrimoine familial	Non dommageable4	Absence de caractéristiques dommageables.
21.	Luxembourg	Société d'investissement en capital à risque	Non dommageable5	Absence de caractéristiques dommageables.
22.	Afrique du Sud	Siège social	Potentiellement mais pas effectivement dommageable	Cantonnement non dommageable. Régime faisant l'objet d'un suivi annuel.
23.	Afrique du Sud	Exemption de revenus relativement aux navires utilisés dans le transport international	Non dommageable	Absence de caractéristiques dommageables.
24.	Suisse – au niveau cantonal	Régime des sociétés auxiliaires (auparavant dénommé régime des sociétés de domicile)	En cours de suppression6	Présentation au FHTP de rapports réguliers sur les progrès accomplis.
25.	Suisse – au niveau cantonal	Régime des sociétés mixtes	En cours de suppression7	Présentation au FHTP de rapports réguliers sur les progrès accomplis.
26.	Suisse – au niveau cantonal	Régime des sociétés holdings	En cours de suppression8	Présentation au FHTP de rapports réguliers sur les progrès accomplis.

	Juridiction	Nom du régime	Statut	Commentaires
27.	Suisse – au niveau fédéral	Régime des sociétés commissionnaires	En cours de suppression9	Présentation au FHTP de rapports réguliers sur les progrès accomplis.
28.	Suisse – au niveau fédéral	Entreprises nouvelles créées ou restructurées	Régime relatif aux zones désavantagées	Suivi destiné à veiller à ce que le risque de BEPS demeure faible.
29.	Turquie	Régime applicable au transport maritime	Non dommageable	Absence de caractéristiques dommageables.

Note : Voir le tableau 6.2 du Rapport de 2015 sur l'Action 5 du BEPS. (OCDE, 2016[1])

1. Le FHTP a formulé cette conclusion sans être parvenu à la conclusion que le régime colombien relevait de ses travaux.

2. Ce régime a été examiné avant l'approbation du Plan d'action sur le BEPS.

3. Voir note précédente.

4. Voir note précédente.

5. Voir note précédente.

6. Le projet de réforme fiscale, approuvé en juin 2016 par le Parlement fédéral, a été rejeté par les électeurs suisses le 12 février 2017. Le gouvernement Suisse a immédiatement pris des mesures afin de faire une nouvelle proposition pour abolir les régimes. La nouvelle législation fédérale a été approuvée par le Parlement le 28 septembre 2018. Sous réserve du processus d'approbation constitutionnel suisse, la réforme devrait prendre effet le 1er janvier 2020.

7. Voir note précédente.

8. Voir note précédente.

9. Voir note précédente.

Régimes non listés dans le Rapport de 2015 sur l'Action 5 du BEPS

17.   Les tableaux ci-après présentent les conclusions des examens des régimes préférentiels qui ne sont pas listés dans le Rapport de 2015 sur l'Action 5 du BEPS et qui ont été examinés entre octobre 2015 et le 24 janvier 2019. Ces résultats sont présentés par catégorie de régime.

Tableau 2.4. Régimes de PI

	Juridiction	Nom du régime	Statut	Commentaires
1.	Andorre	Régime spécial relatif à l'exploitation de certains actifs incorporels[1]	Non dommageable (modifié)	Critère de la substance (approche du lien). Clauses de sauvegarde applicables jusqu'aux dates limites définies par le FHTP.
2.	Curaçao	Régime applicable aux innovations	Non dommageable	Nouveau régime, élaboré en conformité avec les standards du FHTP.
3.	Grèce	Incitations fiscales en faveur des brevets	En cours d'examen	En cours d'examen par le FHTP.
4.	Inde	Impôts sur les revenus de brevet	Non dommageable	Critère de la substance (approche du lien).
5.	Irlande	Régime incitatif pour les activités de développement de la connaissance (*Knowledge Development Box*)	Non dommageable	Nouveau régime, élaboré en conformité avec les standards du FHTP.
6.	Israël	Régime de l'« Entreprise technologique prioritaire »	Non dommageable	Nouveau régime, élaboré en conformité avec les standards du FHTP.
7.	Corée	Régime préférentiel pour le transfert, l'acquisition, etc. de technologies	Non dommageable (modifié)	Critère de la substance (approche du lien). Pas de clauses de sauvegarde.
8.	Liechtenstein	Régime applicable aux revenus de la PI	Supprimé	Clauses de sauvegarde applicables jusqu'aux dates limites définies par le FHTP.
9.	Lituanie	Régime de PI	Non dommageable	Nouveau régime, élaboré en conformité avec les standards du FHTP.

	Juridiction	Nom du régime	Statut	Commentaires
10.	Luxembourg	Régime de PI	Non dommageable	Nouveau régime, élaboré en conformité avec les standards du FHTP.
11.	Malte	applicable aux brevets	Supprimé	Clauses de sauvegarde applicables jusqu'aux dates limites définies par le FHTP.
12.	Panama	Bassin technologique de la « Cité de la connaissance »	Non dommageable (modifié)	Critère de la substance (approche du lien). Pas de clauses de sauvegarde.
13.	Panama	Régime général de PI	Non dommageable	Nouveau régime, élaboré en conformité avec les standards du FHTP.
14.	Saint-Marin	Régime de PI prévu par la loi n° 102/2004 102/2004	Supprimé	Pas de clauses de sauvegarde.
15.	Saint-Marin	Régime de PI	Non dommageable	Nouveau régime, élaboré en conformité avec les standards du FHTP.
16.	Singapour	Sociétés exonérées d'impôts	Non dommageable[2]	Nouveau régime, élaboré en conformité avec les standards du FHTP.
17.	République slovaque	Incitation à la mise au point d'actifs de PI	Non dommageable	Nouveau régime, élaboré en conformité avec les standards du FHTP.
18.	Turquie	Régime 5/B	Non dommageable	Nouveau régime, élaboré en conformité avec les standards du FHTP.
19.	Viet Nam	Revenus de PI	En cours d'examen	En cours d'examen par le FHTP.
Régimes de PI également examinés en tant que régimes ne relevant pas de la PI[3]				
20.	Aruba	Sociétés exonérées d'impôts	En cours de suppression/modification	Les caractéristiques potentiellement dommageables seront supprimées.
21.	Barbade	Sociétés offshore exonérées (Entreprises commerciales internationales)	Supprimé	Clauses de sauvegarde applicables jusqu'aux dates limites définies par le FHTP.
22.	Barbade	Sociétés internationales à responsabilité limitée	Supprimé	Clauses de sauvegarde applicables jusqu'aux dates limites définies par le FHTP.
23.	Belize	Sociétés offshore exonérées (Entreprises commerciales internationales)	Supprimé	Clauses de sauvegarde applicables jusqu'aux dates limites définies par le FHTP.
24.	Botswana	Société de services financiers internationaux	Supprimé	Pas de clauses de sauvegarde.
25.	Brunei Darussalam	Sociétés pionnières de service	En cours d'examen	En cours d'examen par le FHTP.
26.	Curaçao	Sociétés d'investissement de Curaçao[4]	Non dommageable (modifié)	Critère de la substance (approche du lien). Pas de clauses de sauvegarde.
27.	Curaçao	Dispositif de soutien à l'exportation	Supprimé	Pas de clauses de sauvegarde.
28.	Jordanie	Zone économique spéciale d'Aqaba	En cours d'examen	En cours d'examen par le FHTP.
29.	Jordanie	Régime applicable aux zones de développement	Potentiellement dommageable	Facteur de cantonnement ayant donné lieu à correction ; critère de la substance (approche du lien) n'ayant pas encore donné lieu à correction.
30.	Kazakhstan	Zones économiques spéciales	En cours d'examen	En cours d'examen par le FHTP.
31.	Kenya	Régime des zones économiques spéciales	Non opérationnel	Nom du régime
32.	Lituanie	Régime fiscal des zones franches économiques	Régime relatif aux zones désavantagées	Soumis à un suivi destiné à s'assurer que le risque de BEPS reste faible.
33.	Macao (Chine)	Dispositif offshore de Macao	Supprimé	Clauses de sauvegarde applicables jusqu'aux dates limites définies par le FHTP.
34.	Malaisie	Secteur des biotechnologies	Supprimé	Clauses de sauvegarde applicables jusqu'aux dates limites définies par le FHTP.

	Juridiction	Nom du régime	Statut	Commentaires
35.	Malaisie	Zone économique spéciale du « super corridor multimédia » (MSC)	Supprimé	Clauses de sauvegarde applicables jusqu'aux dates limites définies par le FHTP.
36.	Malaisie	Statut de pionnier – Hautes technologies	Hors périmètre (modifié)	Absence de revenus provenant d'activités géographiquement mobiles. Clauses de sauvegarde applicables jusqu'aux dates limites définies par le FHTP.
37.	Malaisie	Hub principal	Supprimé	Clauses de sauvegarde applicables jusqu'aux dates limites définies par le FHTP.
38.	Maurice	*Global business license* de type 1	Supprimé	Clauses de sauvegarde applicables jusqu'aux dates limites définies par le FHTP.
39.	Maurice	*Global business license* de type 2	Supprimé	Clauses de sauvegarde applicables jusqu'aux dates limites définies par le FHTP.
40.	Mongolie	Zones franches commerciales	En cours de suppression	Les caractéristiques potentiellement dommageables seront supprimées.
41.	Paraguay	Investissement de capitaux étrangers	En cours d'examen	En cours d'examen par le FHTP.
42.	Saint-Kitts-et-Nevis	Loi sur les sociétés	En cours d'examen	En cours d'examen par le FHTP.
43.	Saint-Kitts-et-Nevis	Sociétés commerciales de Nevis	En cours d'examen	En cours d'examen par le FHTP.
44.	Saint-Kitts-et-Nevis	Sociétés à responsabilité limitée de Nevis	En cours d'examen	En cours d'examen par le FHTP.
45.	Sainte-Lucie	Entreprise commerciale internationale	Supprimé[5]	Clauses de sauvegarde applicables jusqu'aux dates limites définies par le FHTP.
46.	Sainte-Lucie	Société de personne internationale	Supprimé[6]	Clauses de sauvegarde applicables jusqu'aux dates limites définies par le FHTP.
47.	Sainte-Lucie	Trust international (PI et non-PI)	Supprimé[7]	Clauses de sauvegarde applicables jusqu'aux dates limites définies par le FHTP.
48.	Saint-Vincent-et-les-Grenadines	Sociétés offshore exonérées (Entreprises commerciales internationales)	Supprimé	Clauses de sauvegarde applicables jusqu'aux dates limites définies par le FHTP.
49.	Saint-Vincent-et-les-Grenadines	Trusts internationaux	Supprimé	Clauses de sauvegarde applicables jusqu'aux dates limites définies par le FHTP.
50.	Saint-Marin	Régime des nouvelles entreprises prévu par l'art. 73, de la loi n° 166/2013	Non dommageable (modifié)	Critère de la substance (approche du lien). Clauses de sauvegarde applicables jusqu'aux dates limites définies par le FHTP.
51.	Saint-Marin	Régime applicable aux start-up du secteur des hautes technologies en vertu de la loi n°71/2013 et du décret d'application n°116/2014	Non dommageable (modifié)	Critère de la substance (approche du lien). Clauses de sauvegarde applicables jusqu'aux dates limites définies par le FHTP.
52.	Seychelles	Sociétés sous licence spéciale	Supprimé	Clauses de sauvegarde applicables jusqu'aux dates limites définies par le FHTP.
53.	Seychelles	Sociétés offshore exonérées (Entreprises commerciales internationales)	Supprimé	Pas de clauses de sauvegarde.
54.	Seychelles	Zone de commerce international	Supprimé	Clauses de sauvegarde applicables jusqu'aux dates limites définies par le FHTP.
55.	Singapour	Incitation pour le développement et l'expansion – Services	Supprimé	Clauses de sauvegarde applicables jusqu'aux dates limites définies par le FHTP.
56.	Singapour	Société pionnière de service	Supprimé	Clauses de sauvegarde applicables jusqu'aux dates limites définies par le FHTP.

	Juridiction	Nom du régime	Statut	Commentaires
57.	Thaïlande	Sièges sociaux d'entreprises multinationales et centrales de trésorerie	Non opérationnel	Pas de clauses de sauvegarde.
58.	Thaïlande	Sièges sociaux d'entreprises régionales 1	Non opérationnel	Pas de clauses de sauvegarde.
59.	Thaïlande	Sièges sociaux d'entreprises régionales 2	Non opérationnel	Pas de clauses de sauvegarde.
60.	États-Unis	Déduction au titre de revenus tirés d'actifs incorporels situés à l'étranger	En cours d'examen	En cours d'examen par le FHTP.
61.	Uruguay	Avantages prévus par la loi n°16.906 sur les biotechnologies	Supprimé	Pas de clauses de sauvegarde.
62.	Uruguay	Avantages prévus par l'art. 52-S concernant les biotechnologies et les logiciels	Non dommageable (modifié)	Critère de la substance (approche du lien). Clauses de sauvegarde applicables jusqu'aux dates limites définies par le FHTP.
63.	Uruguay	Zones franches	Non dommageable (modifié)	Critère de la substance (approche du lien). Pas de clauses de sauvegarde.
64.	Viet Nam	Zones de transformation pour l'exportation	Hors périmètre	Aucun revenu provenant d'activités géographiquement mobiles.

1. Anciennement « Sociétés spécialisées dans l'exploitation internationale de biens incorporels ».

2. Sous réserve de l'adoption finale de la nouvelle législation.

3. Certains régimes préférentiels prévoient l'octroi d'avantages au titre des revenus provenant de la PI et d'autres activités géographiquement mobiles ne relevant pas de la PI. Les régimes relevant en fait d'une double catégorie sont examinés en tant que régime de PI et que régime non lié à la PI, et doivent donc satisfaire aux exigences relatives aux activités substantielles, et donnent donc lieu à deux conclusions distinctes.

4. Anciennement « Entité non imposable ».

5. Sous réserve de l'adoption finale de la nouvelle législation mettant un terme au régime de sauvegarde accordé aux actifs de PI acquis auprès de parties liées.

6. Sous réserve de l'adoption finale de la nouvelle législation mettant un terme au régime de sauvegarde accordé aux actifs de PI acquis auprès de parties liées.

7. Sous réserve de l'adoption finale de la nouvelle législation mettant un terme au régime de sauvegarde accordé aux actifs de PI acquis auprès de parties liées.

Tableau 2.5. Régimes des sièges sociaux

	Juridiction	Nom du régime	Statut	Commentaires
1.	Barbade	Sociétés offshore exonérées (Entreprises commerciales internationales)[1]	Supprimé[2]	Clauses de sauvegarde. Voir note.
2.	Chili	Régime applicable aux plateformes commerciales	Potentiellement, mais pas effectivement dommageable. À compter du 1er janvier2022 : Supprimé[3]	Facteur de cantonnement satisfait, mais pas d'effets économiques dommageables dans la pratique. Régime faisant l'objet d'un suivi annuel.
3.	Kenya	Régime des zones économiques spéciales[4]	Non opérationnel	Régime non opérationnel
4.	Malaisie	Hub principal[5]	En cours de modification	Critère d'activités substantielles ayant donné lieu à correction ; facteur de cantonnement n'ayant pas encore donné lieu à correction.
5.	Maurice	Global business license de type 1	Supprimé	Clauses de sauvegarde applicables jusqu'aux dates limites définies par le FHTP.

	Juridiction	Nom du régime	Statut	Commentaires
6.	Maurice	Global business license de type 2	Supprimé	Clauses de sauvegarde applicables jusqu'aux dates limites définies par le FHTP.
7.	Maurice	Gestion globale des sièges sociaux	Non dommageable	Absence de caractéristiques dommageables.
8.	Panama	Sièges sociaux d'entreprises multinationales	Non dommageable (modifié)	Caractéristiques de cantonnement supprimées. Critère de la substance (ne relevant pas de la PI). Clauses de sauvegarde applicables jusqu'aux dates limites définies par le FHTP.
9.	Philippines	Sièges sociaux d'entreprises régionales ou locales	Hors périmètre	Absence de revenus provenant d'activités géographiquement mobiles.
10.	Philippines	Sièges sociaux d'entreprises régionales	En cours de suppression	Les caractéristiques potentiellement dommageables donneront lieu à correction.
11.	Seychelles	Sociétés sous licence spéciale[6]	Supprimé	Clauses de sauvegarde applicables jusqu'aux dates limites définies par le FHTP.
12.	Singapour	Incitation en faveur du développement et de l'expansion – services	Non dommageable	Absence de caractéristiques dommageables.
13.	Singapour	Société pionnière de service	Non dommageable	Absence de caractéristiques dommageables.
14.	Thaïlande	Sièges sociaux d'entreprises multinationales et centrales de trésorerie	Potentiellement dommageable[7]	Clauses de sauvegarde applicables au-delà des dates limites définies par le FHTP.
15.	Thaïlande	Sièges sociaux d'entreprises régionales 1	Supprimé[8]	Clauses de sauvegarde. Voir note.
16.	Thaïlande	Sièges sociaux d'entreprises régionales 2	Potentiellement dommageable[9]	Clauses de sauvegarde applicables au-delà des dates limites définies par le FHTP.
17.	Turquie	Sièges sociaux d'entreprises régionales / centres de gestion régionaux	Hors périmètre	Absence de revenus provenant d'activités géographiquement mobiles.

1. Également examiné en tant que régime de financement et de crédit-bail.

2. Sous réserve de la confirmation de la fermeture du régime de sauvegarde aux nouvelles activités et aux nouveaux actifs, après vérification par le FHTP dès la prochaine occasion.

3. Conformément à la loi N° 21 047, aucun nouveau contribuable ne bénéficiera de ce régime à compter du 23 Novembre 2017. Cette loi prévoit, à l'intention des sociétés qui exerçaient cette activité avant cette date, une clause de sauvegarde applicable jusqu'au 31 décembre 2021. En conséquence, ce régime sera considéré comme totalement supprimé à la date du 1er janvier 2022.

4. Également examiné en tant que régime des centres de services et de distribution.

5. Également examiné en tant que régime de financement et de crédit-bail.

6. Également examiné en tant que régime de financement et de crédit-bail.

7. Le régime a été supprimé. Néanmoins, en raison de contraintes juridiques, il demeure possible de bénéficier des avantages octroyés en vertu du régime après le 30 juin 2021, à savoir au-delà des dates limites définies par le FHTP.

8. Sous réserve de la confirmation de la fermeture du régime de sauvegarde aux nouvelles activités, après vérification par le FHTP dès la prochaine occasion.

9. Le régime a été supprimé. Néanmoins, en raison de contraintes juridiques, il demeure possible de bénéficier des avantages octroyés en vertu du régime après le 30 juin 2021, à savoir au-delà des dates limites définies par le FHTP.

Tableau 2.6. Régimes de financement et de crédit-bail

	Juridiction	Nom du régime	Statut	Commentaires
1.	Antigua-et-Barbuda	Sociétés commerciales internationales	Supprimé	Pas de clauses de sauvegarde.
2.	Andorre	Régime des financements et interentreprises	Supprimé	Clauses de sauvegarde applicables jusqu'aux dates limites définies par le FHTP.
3.	Aruba	Sociétés exonérées d'impôts	En cours de suppression/modification	Les caractéristiques potentiellement dommageables donneront lieu à correction.
4.	Barbade	Sociétés commerciales internationales[1]	Supprimé[2]	Clauses de sauvegarde. Voir note.
5.	Barbade	Services financiers internationaux	Supprimé[3]	Clauses de sauvegarde. Voir note.
6.	Barbade	Trusts internationaux[4]	Supprimé	Pas de clauses de sauvegarde.
7.	Belize	Sociétés commerciales internationales	Non dommageable (modifié)	Caractéristiques de cantonnement supprimées. Critère de la substance (ne relevant pas de la PI). Clauses de sauvegarde applicables jusqu'aux dates limites définies par le FHTP.
8.	Botswana	Société de services financiers internationaux	Non dommageable (modifié)	Caractéristiques de cantonnement supprimées. Pas de clauses de sauvegarde.
9.	Curaçao	Sociétés d'investissement de Curaçao[5]	Non dommageable (modifié)	Critère de la substance (ne relevant pas de la PI). Pas de clauses de sauvegarde.
10.	Géorgie	Sociétés de financement international	Potentiellement, mais pas effectivement dommageable	Facteur de cantonnement satisfait, mais pas d'effets économiques dommageables dans la pratique. Régime faisant l'objet d'un suivi annuel.
11.	Hong Kong (Chine)	Taux d'imposition préférentiel pour les centrales de trésorerie d'entreprise	Non dommageable (modifié)	Caractéristiques de cantonnement supprimées. Pas de clauses de sauvegarde.
12.	Hong Kong (Chine)	Avantages fiscaux accordés pour la location et le crédit-bail d'aéronefs	Non dommageable	Absence de caractéristiques dommageables.
13.	Kazakhstan	Centre financier international d'Astana (AIFC)	En cours d'examen	En cours d'examen par le FHTP.
14.	Malaisie	Centre de gestion de la trésorerie	Supprimé	Clauses de sauvegarde applicables jusqu'aux dates limites définies par le FHTP.
15.	Malaisie	Territoire fédéral de Labuan – Location financement	Non dommageable (modifié)	Caractéristiques de cantonnement supprimées. Critère de la substance (ne relevant pas de la PI). Pas de clauses de sauvegarde.
16.	Malaisie	Hub principal[6]	En cours de modification	Critère d'activités substantielles ayant donné lieu à correction , facteur de cantonnement n'ayant pas encore donné lieu à correction.
17.	Maurice	Activités globales de trésorerie	Non dommageable	Absence de caractéristiques dommageables.

	Juridiction	Nom du régime	Statut	Commentaires
18.	Montserrat	Sociétés offshore exonérées (Entreprises commerciales internationales)	Potentiellement, mais pas effectivement dommageable	Facteur de cantonnement satisfait, mais pas d'effets économiques dommageables dans la pratique. Régime faisant l'objet d'un suivi annuel.
19.	Saint-Kitts-et-Nevis	Sociétés à responsabilité limitée de Nevis	En cours d'examen	En cours d'examen par le FHTP.
20.	Saint-Kitts-et-Nevis	Sociétés commerciales de Nevis	En cours d'examen	En cours d'examen par le FHTP.
21.	Saint-Kitts-et-Nevis	Loi sur les sociétés	En cours d'examen	En cours d'examen par le FHTP.
22.	Sainte-Lucie	Entreprise commerciale internationale	Supprimé[7]	Clauses de sauvegarde applicables jusqu'aux dates limites définies par le FHTP.
23.	Sainte-Lucie	Trusts internationaux[8]	Supprimé	Clauses de sauvegarde applicables jusqu'aux dates limites définies par le FHTP.
24.	Sainte-Lucie	Société de personne internationale	Supprimé[9]	Clauses de sauvegarde applicables jusqu'aux dates limites définies par le FHTP.
25.	Saint-Vincent-et-les-Grenadines	Sociétés offshore exonérées (Entreprises commerciales internationales)	Supprimé	Clauses de sauvegarde applicables jusqu'aux dates limites définies par le FHTP.
26.	Saint-Vincent-et-les-Grenadines	Trusts internationaux[10]	Supprimé	Clauses de sauvegarde applicables jusqu'aux dates limites définies par le FHTP.
27.	Saint-Marin	Régime de Financement prévu par la loi n° 102/2004	Supprimé	Pas de clauses de sauvegarde.
28.	Seychelles	Sociétés commerciales internationales	Supprimé	Pas de clauses de sauvegarde.
29.	Seychelles	Sociétés sous licence spéciale[11]	Supprimé	Clauses de sauvegarde applicables jusqu'aux dates limites définies par le FHTP.
30.	Singapour	Régime applicable au crédit-bail d'aéronefs	Non dommageable	Absence de caractéristiques dommageables.
31.	Singapour	Centrales de financement et de trésorerie	Non dommageable	Absence de caractéristiques dommageables.
32.	Sint-Maarten	Régime applicable aux revenus de brevets	En cours d'examen	En cours d'examen par le FHTP. juridiction

1. Également examiné en tant que régime des sièges sociaux.
2. Sous réserve de la confirmation de la fermeture du régime de sauvegarde aux nouvelles activités et aux nouveaux actifs, après vérification par le FHTP dès la prochaine occasion.
3. Sous réserve de la confirmation de la fermeture du régime de sauvegarde aux nouvelles activités, après vérification par le FHTP dès la prochaine occasion.
4. Également examiné en tant que régime des sociétés holding.
5. Anciennement « Entité non imposable ».
6. Également examiné en tant que régime des sièges sociaux.
7. Sous réserve de l'adoption finale de la nouvelle législation fermant le régime de sauvegarde aux nouvelles activités et aux nouveaux actifs.
8. Également examiné en tant que régime de sociétés holdings.
9. Sous réserve de l'adoption finale de la nouvelle législation fermant le régime de sauvegarde aux nouvelles activités et aux nouveaux actifs.
10. Également examiné en tant que régime des sociétés holdings.
11. Également examiné en tant que régime des sièges sociaux.

Tableau 2.7. Régimes de la banque et de l'assurance

	Juridiction	Nom du régime	Statut	Commentaires
1.	Antigua-et-Barbuda	Services bancaires internationaux	Supprimé	Pas de clauses de sauvegarde.
2.	Australie	Régime des établissements bancaires extraterritoriaux	En cours de modification	Les caractéristiques potentiellement dommageables donneront lieu à correction.
3.	Barbade	Compagnies d'assurance exonérées (Exempt insurance companies)	Supprimé[1]	Clauses de sauvegarde. Voir note.
4.	Barbade	Compagnies d'assurance agréées (Qualifying insurance companies)	Supprimé	Clauses de sauvegarde applicables jusqu'aux dates limites définies par le FHTP.
5.	Barbade	Assurance nom du régime	Non dommageable	Nouveau régime, élaboré en conformité avec les standards du FHTP.
6.	Canada	Centres bancaires internationaux	Supprimé	Pas de clauses de sauvegarde.
7.	Hong Kong (Chine)	Taux d'imposition préférentiel sur les bénéfices des réassureurs professionnels	Non dommageable (modifié)	Caractéristiques de cantonnement supprimées. Pas de clauses de sauvegarde.
8.	Hong Kong (Chine)	Taux d'imposition préférentiel sur les bénéfices des assureurs captifs	Non dommageable (modifié)	Caractéristiques de cantonnement supprimées. Pas de clauses de sauvegarde.
9.	Macao (Chine)	Dispositif offshore de Macao	Supprimé	Clauses de sauvegarde applicables jusqu'aux dates limites définies par le FHTP.
10.	Malaisie	Réassurance et assurance takaful[2]	Non dommageable (modifié)	Clauses de sauvegarde applicables jusqu'aux dates limites définies par le FHTP.
11.	Malaisie	Services financiers de Labuan	Non dommageable (modifié)	Caractéristiques de cantonnement supprimées. Critère de la substance (ne relevant pas de la PI). Clauses de sauvegarde applicables jusqu'aux dates limites définies par le FHTP.
12.	Maurice	Sociétés captives d'assurance	Non dommageable (modifié)	Critère de la substance (ne relevant pas de la PI). Clauses de sauvegarde applicables jusqu'aux dates limites définies par le FHTP.
13.	Maurice	Banques titulaires d'un agrément bancaire au titre de la loi bancaire de 2004 (Segment B banking')	Supprimé	Clauses de sauvegarde applicables jusqu'aux dates limites définies par le FHTP.
14.	Maurice	Banques titulaires d'un agrément bancaire au titre de la loi bancaire de 2004	Non dommageable	Nouveau régime, élaboré en conformité avec les standards du FHTP.
15.	Maurice	Banque d'investissement	Non dommageable	Absence de caractéristiques dommageables.
16.	Nigéria	Zones franches commerciales[3]	En cours d'examen	En cours d'examen par le FHTP.
17.	Seychelles	Activités d'assurance pour l'étranger	Supprimé	Clauses de sauvegarde applicables jusqu'aux dates limites définies par le FHTP.
18.	Seychelles	Régime des établissements bancaires extraterritoriaux	Supprimé	Pas de clauses de sauvegarde.

	Juridiction	Nom du régime	Statut	Commentaires
19.	Seychelles	Activités d'administration de fonds	Non dommageable (modifié)	Critère de la substance (ne relevant pas de la PI). Clauses de sauvegarde applicables jusqu'aux dates limites définies par le FHTP.
20.	Seychelles	Activités de gestion de titres dans le cadre de la loi sur les valeurs mobilières	Non dommageable (modifié)	Critère de la substance (ne relevant pas de la PI). Clauses de sauvegarde applicables jusqu'aux dates limites définies par le FHTP
21.	Seychelles	Activités de réassurance	Supprimé	Pas de clauses de sauvegarde.
22.	Singapour	Développement des activités d'assurance	Non dommageable (modifié)	Caractéristiques de cantonnement supprimées. Clauses de sauvegarde applicables jusqu'aux dates limites définies par le FHTP.
23.	Singapour	Incitation applicable au secteur financier	Non dommageable	Absence de caractéristiques dommageables.
24.	Thaïlande	Services bancaires internationaux	Supprimé	Clauses de sauvegarde applicables jusqu'aux dates limites définies par le FHTP.

1. Sous réserve de la confirmation de la fermeture du régime de sauvegarde aux nouvelles activités, après vérification par le FHTP dès la prochaine occasion.
2. Anciennement « Régime de réassurance et d'assurance offshore »
3. Également examiné en tant que régime des centres de services et de distribution.

Tableau 2.8. Régimes des centres de services et de distribution

	Juridiction	Nom du régime	Statut	Commentaires
1.	Andorre	Entreprises impliquées dans le commerce international	Supprimé	Clauses de sauvegarde applicables jusqu'aux dates limites définies par le FHTP.
2.	Aruba	Zones franches	En cours de suppression/modification	Les caractéristiques potentiellement dommageables seront supprimées.
3.	Barbade	Loi d'incitation fiscale	Hors périmètre	Absence de revenus provenant d'activités géographiquement mobiles.
4.	Costa Rica	Zone franche	Non dommageable (modifié)[1]	Caractéristiques de cantonnement supprimées. Critère de la substance (ne relevant pas de la PI). Pas de clauses de sauvegarde.
5.	Curaçao	Dispositif de soutien à l'exportation	Supprimé	Pas de clauses de sauvegarde.
6.	Curaçao	E-Zone	Hors périmètre (modifié)	Suppression du régime des revenus provenant d'activités géographiquement mobiles. Pas de clauses de sauvegarde.
7.	Gabon	Régime des zones économiques spéciales	En cours d'examen	En cours d'examen par le FHTP.
8.	Géorgie	Zones franches industrielles	Hors périmètre	Absence de revenus provenant d'activités géographiquement mobiles.
9.	Géorgie	Société de commerce spéciale	Hors périmètre	Absence de revenus provenant d'activités géographiquement mobiles.

	Juridiction	Nom du régime	Statut	Commentaires
10.	Géorgie	Sociétés spécialisées dans les technologies de l'information	Potentiellement, mais pas effectivement dommageable	Facteur de cantonnement et facteur des activités substantielles satisfaits, mais pas d'effets économiques dommageables dans la pratique. Régime faisant l'objet d'un suivi annuel.
11.	Jordanie	Zone économique spéciale d'Aqaba	En cours d'examen	En cours d'examen
12.	Jordanie	Régime applicable aux zones de développement	Potentiellement dommageable	Facteur de cantonnement ayant donné lieu à correction , critère de la substance (ne relevant pas de la PI) n'ayant pas encore donné lieu à correction.
13.	Jordanie	Zones franches commerciales	Supprimé	Pas de clauses de sauvegarde.
14.	Kazakhstan	Zones économiques spéciales	En cours d'examen	En cours d'examen par le FHTP.
15.	Kenya	Zones de transformation pour l'exportation	Hors périmètre	Absence de revenus provenant d'activités géographiquement mobiles.
16.	Kenya	Régime des zones économiques spéciales[2]	Non opérationnel	Régime non opérationnel.
17.	Corée	Zones d'investissement étranger	Hors périmètre	Absence de revenus provenant d'activités géographiquement mobiles.
18.	Corée	Zones franches économiques / Zones franches commerciales	Hors périmètre	Absence de revenus provenant d'activités géographiquement mobiles.
19.	Lituanie	Régime fiscal des zones franches économiques	Non dommageable	Absence de caractéristiques dommageables.
20.	Malaisie	Projets de services approuvés	Hors périmètre	Absence de revenus provenant d'activités géographiquement mobiles.
21.	Malaisie	Services dans le domaine des technologies vertes	Non dommageable	Absence de caractéristiques dommageables.
22.	Malaisie	Centre malaisien de commerce international	Hors périmètre	Absence de revenus provenant d'activités géographiquement mobiles.
23.	Malaisie	Zones économiques spéciales	Non dommageable (modifié)	Caractéristiques de cantonnement supprimées. Critère de la substance (ne relevant pas de la PI). Clauses de sauvegarde applicables jusqu'aux dates limites définies par le FHTP.
24.	Maurice	Zones franches portuaires	Hors périmètre (modifié)	Revenus provenant d'activités géographiquement mobiles. Clauses de sauvegarde applicables jusqu'aux dates limites définies par le FHTP.
25.	Mongolie	Zones franches commerciales	En cours de suppression	
26.	Nigéria	Zones franches commerciales[3]	En cours d'examen	En cours d'examen par le FHTP.
27.	Panama	Zone franche de Colón	Hors périmètre	Absence de revenus provenant d'activités géographiquement mobiles.

	Juridiction	Nom du régime	Statut	Commentaires
28.	Panama	Zone économique spéciale « Panamá-Pacífico »	Non dommageable (modifié)	Caractéristiques de cantonnement supprimées. Critère de la substance (ne relevant pas de la PI). Clauses de sauvegarde applicables jusqu'aux dates limites définies par le FHTP.
29.	Paraguay	Zones franches	Hors périmètre	Absence de revenus provenant d'activités géographiquement mobiles.
30.	Pérou	Zone économique spéciale de type 1 (Ceticos / ZED)	Hors périmètre	Absence de revenus provenant d'activités géographiquement mobiles.
31.	Pérou	Zone économique spéciale de type 2 (Zofratacna)	Non dommageable	Absence de caractéristiques dommageables.
32.	Saint-Kitts-et-Nevis	Loi d'incitation fiscale	Hors périmètre	Absence de revenus provenant d'activités géographiquement mobiles.
33.	Seychelles	Zone de commerce international	Hors périmètre (modifié)	Absence de revenus provenant d'activités géographiquement mobiles. Clauses de sauvegarde applicables jusqu'aux dates limites définies par le FHTP.
34.	Singapour	Programme de commerce international	Non dommageable	Absence de caractéristiques dommageables.
35.	Thaïlande	Zone d'activité commerciale internationale	Potentiellement dommageable[4]	Clauses de sauvegarde applicables au-delà des dates limites définies par le FHTP.
36.	Trinité-et-Tobago	Zones franches commerciales	En cours de suppression[5]	Les caractéristiques potentiellement dommageables donneront lieu à correction.
37.	Uruguay	Zones franches	Non dommageable (modifié)	Caractéristiques de cantonnement supprimées. Critère de la substance (ne relevant pas de la PI). Clauses de sauvegarde applicables jusqu'aux dates limites définies par le FHTP.
38.	Uruguay	Centre de services partagés	Non dommageable (modifié)	Caractéristiques de cantonnement supprimées. Pas de clauses de sauvegarde.
39.	Viet Nam	Régime relatif aux zones désavantagées	En cours d'examen	En cours d'examen par le FHTP.
40.	Viet Nam	Zones économiques spéciales	En cours d'examen	En cours d'examen par le FHTP.
41.	Viet Nam	Zones de transformation pour l'exportation	Hors périmètre	Absence de revenus provenant d'activités géographiquement mobiles.
42.	Viet Nam	Zones et parcs d'activités industrielles	Hors périmètre	Absence de revenus provenant d'activités géographiquement mobiles.

1. Sous réserve de l'adoption finale de la nouvelle législation.
2. Également examiné en tant que régime des sièges sociaux.
3. Également examiné en tant que régime de la banque et de l'assurance.
4. Le régime a été supprimé. Néanmoins, en raison de contraintes juridiques, il demeure possible de bénéficier des avantages octroyés en vertu du régime après le 30 juin 2021, à savoir au-delà des dates limites définies par le FHTP.
5. Le régime est fermé aux nouveaux adhérents pour des motifs administratifs. Des modifications de la législation sont sur le point d'être publiées : elles seront soumises à l'examen du FHTP.

Tableau 2.9. Régimes du transport maritime

	Juridiction	Nom du régime	Statut	Commentaires
1.	Antigua-et-Barbuda	Taxation au tonnage[1]	Non dommageable (modifié)	Caractéristiques de cantonnement supprimées. Pas de clauses de sauvegarde.
2.	Aruba	Régime du transport maritime et aérien	Non dommageable	Absence de caractéristiques dommageables.
3.	Barbade	Régime applicable au transport maritime	Non dommageable (modifié)	Caractéristiques de cantonnement supprimées. Pas de clauses de sauvegarde.
4.	Hong Kong (Chine)	Exonération d'impôts sur les bénéfices pour les exploitants de navires	Non dommageable	Absence de caractéristiques dommageables.
5.	Libéria	Régime applicable au transport maritime	Non dommageable	Absence de caractéristiques dommageables.
6.	Lituanie	Régime de taxation au tonnage	Non dommageable	Absence de caractéristiques dommageables.
7.	Malte	Système de taxation au tonnage	Non dommageable	Absence de caractéristiques dommageables.
8.	Maurice	Régime applicable au transport maritime	Non dommageable	Absence de caractéristiques dommageables.
9.	Panama	Régime applicable au transport maritime	Non dommageable	Absence de caractéristiques dommageables.
10.	Singapour	Incitation en faveur du secteur maritime	Non dommageable	Absence de caractéristiques dommageables.

Note : L'existence d'une activité substantielle dans le contexte des régimes du transport maritime est établie en tenant compte du fait que les activités essentielles génératrices de revenus pour les compagnies maritimes sont effectuées en transit en dehors de la juridiction du régime du transport maritime et que la création de valeur attribuable aux activités essentielles génératrices de revenus qui proviennent d'un emplacement fixe est plus limitée que pour d'autres types de régimes appliqués aux activités mobiles. Un autre élément d'appréciation est le fait que le régime ait été, ou non, conçu pour faire en sorte que le contribuable éligible gère l'ensemble des questions liées au droit des sociétés et à la conformité réglementaire de la compagnie maritime ainsi que les obligations supplémentaires dans la juridiction du régime, telles que l'enregistrement des navires, y compris le respect des règlements de l'Organisation maritime internationale (OMI) et les exigences en matière de douane et de personnel conformes aux définition de l'OMI (en notant les différentes exigences réglementaires en matière de transport maritime identifiées dans la note d'application consolidée).
1. Ce régime s'appliquera à partir de 2021. Le régime applicable au transport maritime en vertu de l'Antigua and Barbuda Merchant Shipping Act de 2006 a été supprimé.

Tableau 2.10. Régime des sociétés holdings

	Juridiction	Nom du régime	Statut	Commentaires
1.	Andorre	Régime des sociétés holdings	Non dommageable (modifié)	Caractéristiques de cantonnement supprimées. Clauses de sauvegarde applicables jusqu'aux dates limites définies par le FHTP.
2.	Barbade	Sociétés internationales à responsabilité limitée	Supprimé[1]	Clauses de sauvegrade, voir note.
3.	Barbade	Trusts internationaux[2]	Supprimé	Pas de clauses de sauvegarde.
4.	Sainte-Lucie	Trusts internationaux[3]	Supprimé	Clauses de sauvegarde applicables jusqu'aux dates limites définies par le FHTP.
5.	Saint-Vincent-et-les-Grenadines	Trusts internationaux[4]	Supprimé	Clauses de sauvegarde applicables jusqu'aux dates limites définies par le FHTP.

1. Sous réserve de la confirmation de la fermeture du régime de sauvegarde aux nouvelles activités et aux nouveaux actifs, après vérification par le FHTP dès la prochaine occasion.
2. Également examiné en tant que régime de financement et de crédit-bail.
3. Également examiné en tant que régime de financement et de crédit-bail.
4. Également examiné en tant que régime de financement et de crédit-bail

Tableau 2.11. Régimes de gestion de fonds

	Juridiction	Nom du régime	Statut	Commentaires
1.	Malaisie	Gestion de fonds étrangers	Non dommageable	Absence de caractéristiques dommageables.

Tableau 2.12. Régimes divers

	Juridiction	Nom du régime	Statut	Commentaires
1.	Aruba	Régime de promotion des investissements	En cours d'examen	En cours d'examen par le FHTP.
2.	Aruba	Régime des sociétés IPC	En cours d'examen	En cours d'examen par le FHTP.
3.	Aruba	Zone spéciale de San Nicolas	Supprimé	Clauses de sauvegarde applicables jusqu'aux dates limites définies par le FHTP.
4.	Barbade	Crédit pour les recettes en devises / Crédit pour les projets ou les services à l'étranger	Supprimé	Pas de clauses de sauvegarde.
5.	Brunei Darussalam	Sociétés pionnières de service	En cours d'examen	En cours d'examen par le FHTP.
6.	Malaisie	Secteur des biotechnologies	Non dommageable (modifié)	Critère de la substance (ne relevant pas de la PI). Clauses de sauvegarde applicables jusqu'aux dates limites définies par le FHTP.
7.	Malaisie	Régime des unités d'opérations en devises	En cours d'examen	En cours d'examen par le FHTP.
8.	Malaisie	Zone économique spéciale du « super corridor multimédia » (MSC)	Non dommageable (modifié)	Caractéristiques de cantonnement supprimées. Critère de la substance (ne relevant pas de la PI). Clauses de sauvegarde applicables jusqu'aux dates limites définies par le FHTP.

	Juridiction	Nom du régime	Statut	Commentaires
9.	Malaisie	Statut de pionnier – Sous-traitance des activités de R-D	Non dommageable (modifié)	Critère de la substance (ne relevant pas de la PI). Clauses de sauvegarde applicables jusqu'aux dates limites définies par le FHTP.
10.	Maldives	Taux d'imposition réduits sur les bénéfices générés à l'étranger	En cours de suppression	Les caractéristiques potentiellement dommageables donneront lieu à correction.
11.	Maurice	Régime d'exonération partielle	Non dommageable	Nouveau régime, élaboré en conformité avec les standards du FHTP.
12.	Paraguay	Garantie d'investissement	En cours d'examen	En cours d'examen par le FHTP.
13.	Paraguay	Investissement de capitaux étrangers	En cours d'examen	En cours d'examen par le FHTP.
14.	Saint-Marin	Régime des nouvelles entreprises prévu par l'art. 73 de la loi n°166/2013	Non dommageable	Absence de caractéristiques dommageables.
15.	Saint-Marin	Régime applicable aux start-up du secteur des hautes technologies en vertu de la loi n° 71/2013 et du décret d'application n°116/2014	Non dommageable	Absence de caractéristiques dommageables.
16.	Singapour	Incitation en faveur du développement et de l'expansion – Services juridiques	Supprimé	Clauses de sauvegarde applicables jusqu'aux dates limites définies par le FHTP.
17.	Singapour	Croissance internationale	Supprimé	Clauses de sauvegarde applicables jusqu'aux dates limites définies par le FHTP.
18.	États-Unis	Déduction au titre de revenus liés d'actifs incorporels situés à l'étranger (Foreign-derived intangible income, FDII)	En cours d'examen	En cours d'examen par le FHTP.
19.	Uruguay	Avantages prévus par la loi n°16.906 sur les biotechnologies	Non dommageable (modifié)	Critère de la substance (ne relevant pas de la PI). Pas de clauses de sauvegarde.
20.	Uruguay	Avantages prévus par l'art. 52-S concernant les biotechnologies et les logiciels	Non dommageable (modifié)	Critère de la substance (ne relevant pas de la PI). Pas de clauses de sauvegarde.
22.	Uruguay	Réorganisation des sociétés financières	Supprimé	Régime supprimé avant l'évaluation du FHTP Pas de clauses de sauvegarde.
23.	Uruguay	Incitation à l'investissement en vertu de la loi n°16.096	Hors périmètre	Pas de Aucun revenu provenant d'activités géographiquement mobiles.
24.	Uruguay	Système fiscal déterminé selon le principe de la source	Hors périmètre	Aucune divergence par rapport au système fiscal général de la juridiction.

Références

OCDE (2016), *Lutter plus efficacement contre les pratiques fiscales dommageables, en prenant en compte la transparence et la substance, Action 5 - Rapport final 2015*, Projet OCDE/G20 sur l'érosion de la base d'imposition et le transfert de bénéfices, Éditions OCDE, Paris, https://dx.doi.org/10.1787/9789264255203-fr. [1]

Chapitre 3. Prochaines étapes

17.   Le FHTP continuera d'œuvrer à l'équité des règles du jeu, notamment en veillant à ce que les exigences en matière d'activités substantielles soient effectivement imposées dans les juridictions qui ne prélèvent qu'un impôt insignifiant, voire aucun impôt. Il examinera les régimes récemment identifiés, suivra les modifications apportées pour éviter l'émergence de nouveaux risques et analysera l'efficacité des critères, en déterminant notamment si des ajouts ou des modifications sont nécessaires ; de façon plus générale, il travaillera dans le contexte du Cadre inclusif en vue de produire des résultats concourant à l'établissement d'un cadre d'imposition juste et cohérent à l'échelle internationale.

18.   Un résultat important en 2019 sera l'examen de la mise en œuvre de la nouvelle norme mondiale sur la réintroduction du facteur d'activité substantielle pour les juridictions qui ne prélèvent qu'un impôt insignifiant, voire aucun impôt. La démarche suivie à cet égard sera inspirée du processus utilisé pour les régimes préférentiels : évaluation du cadre juridique, discussion ouverte avec les juridictions concernées, suivi de la mise en œuvre destiné à garantir une application effective dans la pratique, ces diverses modalités étant complétées par des échanges spontanés de renseignements ciblés. D'autres travaux seront entrepris en coopération avec le Groupe de travail n° 10 sur l'échange de renseignements et la discipline fiscale afin de définir les modalités et les caractéristiques détaillées de l'échange spontané de renseignements. Le Cadre inclusif continuera de faire rapport en temps opportun sur les résultats du processus d'examen, comme il le fait pour les régimes préférentiels.

19.   En outre, le FHTP conduit un processus de suivi annuel afin de déterminer si la mise en œuvre de certains aspects dans la pratique est effectivement conforme à la norme. Ce processus passe par l'envoi de questionnaires normalisés, suivi d'une discussion au sein du FHTP avec les juridictions concernées, sachant que le FHTP a la possibilité de revoir ses conclusions, le cas échéant, pour faire en sorte que la norme soit respectée. Le processus de suivi porte sur les aspects suivants :

- Régimes de PI (en ce qui concerne l'octroi d'avantages à la troisième catégorie d'actifs de PI et l'utilisation de la présomption réfragable)[1] (OECD, 2017[1]).

  Les avantages octroyés à la troisième catégorie d'actifs de PI ne peuvent être accordés que sous certaines conditions (un processus de certification doit notamment être prévu et seules les petites et moyennes entreprises peuvent en bénéficier). De plus, les juridictions ne peuvent laisser les contribuables utiliser l'approche du lien en tant que présomption réfragable que dans des circonstances exceptionnelles dont il leur incombe de démontrer l'existence. Dans l'un et l'autre cas, le FHTP exerce un suivi afin de d'assurer que les options sont utilisées comme il se doit.

- Régimes potentiellement dommageables, mais qui ne le sont pas dans les faits[2] (OECD, 2017[1])

Lorsque le FHTP conclut qu'un régime est potentiellement dommageable, mais pas effectivement dommageable, cette conclusion est fondée sur des données statistiques, telles que le nombre de contribuables et le montant des bénéfices bénéficiant du régime. Cependant, ces données peuvent évoluer et la conclusion « potentiellement, mais pas effectivement dommageable » être revue, le cas échéant.

- Régimes de zones désavantagées[3] (OECD, 2017[1])

  Certains régimes sont conçus pour encourager le développement dans des zones désavantagées et peuvent comporter un taux préférentiel pour les revenus de PI même s'ils ne le prévoient pas spécifiquement. Le FHTP a conclu que ces régimes ne représentent pas un risque élevé de BEPS, sous réserve que certaines conditions soient remplies, et a estimé de ce fait que la partie PI de ces régimes peut être assimilée à un régime relatif aux zones désavantagées qui n'ayant pas besoin de satisfaire au critère imposé aux fins de l'approche du lien. Le FHTP veille à ce que les conditions applicables continuent d'être remplies.

- Activités substantielles dans les régimes ne relevant de la PI examinés à partir de 2017[4] (OECD, 2017[1])

  Le FHTP s'assure que les exigences en matière d'activités substantielles applicables à ces régimes ne relevant pas de la PI concordent avec le cadre législatif sur lequel les conclusions du FHTP sont fondées, notamment en ce qui concerne la manière dont le respect de ses obligations par le contribuable est examiné et la manière dont les avantages fiscaux sont refusés si les exigences en matière d'activités substantielles ne sont pas satisfaites, ainsi que les données statistiques pertinentes, y compris les chiffres globaux relatifs au nombre de salariés et aux revenus bénéficiant du régime.

- Régimes ne relevant pas de la PI comportant des clauses de sauvegarde[5] (OECD, 2017[1])

  Le suivi, en ce qui concerne les régimes ne relevant pas de la PI comportant des clauses de sauvegarde, a pour but de s'assurer que les juridictions appliquent et mettent en œuvre effectivement lesdites clauses. La méthode de suivi est décrite à l'Annexe B.

20.   Le FHTP continuera également d'examiner tous les régimes fiscaux préférentiels demeurant dans son périmètre d'examen, tous les régimes des juridictions qui adhéreront au Cadre inclusif ainsi que, le cas échéant, ceux des « juridictions d'intérêt ». Il examinera également tous les régimes institués récemment.

Notes

[1] Paragraphes 37 et 69 et Annexe du C *Pratiques fiscales dommageables - Rapport d'étape de 2017 sur les régimes préférentiels*.

[2] Annexe C du *Pratiques fiscales dommageables - Rapport d'étape de 2017 sur les régimes préférentiels*.

[3] Annexe C du *Pratiques fiscales dommageables - Rapport d'étape de 2017 sur les régimes préférentiels*.

[4] Voir les paragraphes 14 à 16 de l'Annexe D du *Pratiques fiscales dommageables - Rapport d'étape de 2017 sur les régimes préférentiels*.

[5] Paragraphe 27 de l'Annexe B du *Pratiques fiscales dommageables - Rapport d'étape de 2017 sur les régimes préférentiels* et Annexe B du présent Rapport d'étape.

Références

OECD (2017), *Harmful Tax Practices - 2017 Progress Report on Preferential Regimes: Inclusive Framework on BEPS: Action 5*, OECD/G20 Base Erosion and Profit Shifting Project, OECD Publishing, Paris, https://dx.doi.org/10.1787/9789264283954-en. [1]

Annexe A. Résultats des travaux conduits au titre de l'Action 5 du Projet BEPS concernant les révisions ou les ajouts à apporter au Cadre FHTP

1. Introduction

1.   Le rapport de 1998 intitulé « Concurrence fiscale dommageable : un problème mondial » (le « Rapport de 1998 » (OCDE, 1998[1])) définit le cadre d'identification des pratiques fiscales dommageables, comprenant des critères spécifiques pour évaluer les régimes préférentiels dommageables et les « paradis fiscaux », selon l'expression alors utilisée pour les désigner.

2.   Les critères détaillés dans le Rapport de 1998 sont encore utilisés à ce jour par le Forum sur les pratiques fiscales dommageables (FHTP) pour déterminer si un régime préférentiel relevant des travaux du FHTP est potentiellement dommageable. Le cadre comprenait quatre facteurs essentiels et huit autres facteurs. Les quatre facteurs essentiels étaient les suivants :

a)   Le régime n'impose pas ou très peu les revenus provenant d'activités financières et d'autres activités de service géographiquement mobiles.

b)   Le régime est cantonné par rapport à l'économie nationale.

c)   Le régime manque de transparence (par exemple les détails de ce régime ou de son application ne sont pas apparents ou bien la supervision réglementaire ou la communication d'informations financières sont inadéquates).

d)   Il n'existe pas d'échange effectif de renseignements concernant le régime.

3.   Les huit autres facteurs énoncés étaient les suivants :

a)   Définition artificielle de la base d'imposition.

b)   Non-respect des principes internationaux applicables en matière de prix de transfert.

c)   Exonération de l'impôt du pays de résidence pour les revenus de source étrangère.

d)   Possibilité de négocier le taux ou l'assiette d'imposition.

e)   Existence de dispositions relatives au secret.

f)   Accès à un vaste réseau de conventions fiscales.

g)   Promotion du régime en tant qu'instrument de minimisation de l'impôt.

h)   Régime encourageant les activités ou arrangements dont les motivations sont exclusivement fiscales et qui ne supposent aucune activité substantielle.

4.   Aux fins de l'évaluation permettant de déterminer si des juridictions ne prélèvent qu'un impôt insignifiant, voire aucun impôt, évaluation en grande partie assurée par le

Forum mondial sur la transparence et l'échange de renseignements à des fins fiscales, le Rapport de 1998 (OCDE, 1998[1]) a en outre défini les critères suivants :

a) le fait qu'une juridiction n'applique pas d'impôts ou prélève uniquement des impôts minimes ;

b) l'absence de véritable échange de renseignements ;

c) l'absence de transparence ; et

d) l'absence d'obligation d'exercer une activité substantielle.

5.   Le Rapport sur l'Action 5 du Projet BEPS définissait comme suit les travaux relevant du mandat confié au FHTP :

« Refondre les travaux relatifs aux pratiques fiscales dommageables en donnant la priorité à l'amélioration de la transparence, notamment par le biais de l'échange spontané obligatoire d'informations sur les décisions relatives à des régimes préférentiels, ainsi qu'à l'obligation de requérir une activité substantielle pour l'instauration de tout régime préférentiel. Une approche globale sera suivie afin d'évaluer les régimes fiscaux préférentiels dans le contexte de l'érosion de la base d'imposition et du transfert de bénéfices. Ces travaux engendreront un dialogue avec les pays non membres de l'OCDE en s'appuyant sur le cadre existant et pourront éventuellement réviser ou compléter ce cadre. »

6.   Conformément au Plan d'action BEPS, le FHTP devait atteindre trois objectifs : (i) achever l'examen des régimes préférentiels des pays membres, (ii) élaborer une stratégie pour faire participer des pays non membres de l'OCDE ou du G20, et (iii) envisager de réviser ou de compléter le cadre existant.

7.   Au titre du premier objectif, au cours des travaux conduits au titre du projet BEPS, le FHTP a défini plus en détail le critère d'activité substantielle (le huitième des autres facteurs) ainsi que le critère de transparence (le troisième des facteurs essentiels). Le Rapport final de 2015 sur l'Action 5 du projet BEPS (le « Rapport final de 2015 ») (OCDE, 2016[2]) mettait essentiellement l'accent sur le premier objectif, mais mentionnait aussi, de manière succincte, le troisième objectif, au titre de la révision des critères d'évaluation. Selon ce rapport, « Les pays de l'OCDE et du G20 impliqués dans le FHTP considèrent [...] qu'il est trop tôt pour identifier de façon précise les domaines pour lesquels les critères existants pourraient se révéler insuffisants car l'impact des travaux sur la substance et la transparence ne peut être encore totalement évalué. En outre, les avantages liés à l'implication des pays tiers dans cet aspect du travail sont reconnus. »[1]

8.   Le Rapport final de 2015 mentionnait ensuite deux facteurs « identifiés comme pouvant bénéficier de recherches ultérieures, une fois que le FHTP sera mieux à même d'identifier l'impact des autres résultats considérés dans [ce même] rapport » : le facteur de cantonnement et le facteur portant sur une « définition artificielle de la base d'imposition[2] ».

9.   Depuis la publication du Rapport final de 2015, le FHTP a examiné diverses approches pour la révision du cadre établi par le Rapport de 1998 (OCDE, 1998[1]).

10.   Un consensus a été atteint sur un certain nombre de questions, y compris sur la décision de réintroduire le critère d'activité substantielle pour les juridictions qui ne prélèvent qu'un impôt insignifiant sur les bénéfices des sociétés, voire aucun impôt. Compte tenu de la vitesse à laquelle les juridictions dotées de régimes préférentiels

modifient leurs cadres juridique et administratif régissant ces régimes et de l'importance de disposer de règles du jeu équitables, le résultat de ces travaux a été communiqué dès son approbation, en novembre 2018, et a été inséré dans le présent document pour plus de commodité.

11.   Le FHTP a par ailleurs examiné plusieurs questions relatives au périmètre de ses travaux, notamment celle de savoir si le fait qu'une juridiction applique aux bénéfices des sociétés un taux général d'imposition faible, voire nul, pourrait être, en soi, considéré comme dommageable (à savoir, en faisant abstraction des autres critères d'évaluation). Dans le même esprit, le FHTP a soulevé les deux questions suivantes : le fait qu'une juridiction applique un système fiscal fondé sur la territorialité pourrait-il être, en soi, considéré comme dommageable, par exemple lorsque les règles de détermination de la source peuvent faciliter une double non-imposition ; et les systèmes fiscaux fondés sur la territorialité devraicnt-ils être inclus dans le champ d'application du nouveau critère d'activité substantielle. Enfin, le FHTP a engagé une réflexion pour déterminer si ses travaux devraient englober les régimes préférentiels applicables aux personnes physiques ainsi qu'aux personnes morales. Il poursuivra ses travaux relatifs à tous les aspects pertinents des pratiques fiscales dommageables, tels que l'application d'un taux d'imposition effectif nul ou peu élevé et la question de savoir s'il y a lieu de porter plus loin la réflexion sur les systèmes fiscaux territoriaux, en prenant en compte les travaux menés sous l'égide du Cadre inclusif, notamment sur l'économie numérique.

12.   Le tableau suivant reprend l'ensemble des problématiques examinées et les résultats correspondants. Les problématiques ont été regroupées autour de deux grands thèmes : (i) principales modifications apportées au cadre du FHTP ; et (ii) orientations à visée interprétative sur l'application des facteurs existants aux fins d'évaluation des régimes préférentiels. La suite de cette annexe présente l'analyse détaillée de chacune de ces problématiques.

Tableau A.1. Principales modifications apportées au cadre du FHTP

Problématique	Résultat
Principales modifications apportées au cadre du FHTP	
Mise à jour des facteurs essentiels définis dans le Rapport de 1998 aux fins de l'évaluation des régimes.	Ces facteurs sont au nombre de cinq, en incluant le critère d'activité substantielle.
	Le facteur portant sur l'accès à un vaste réseau de conventions fiscales n'est plus utile à l'évaluation des régimes.
	Le facteur relatif à la promotion du régime en tant qu'instrument de minimisation de l'impôt n'est plus utile, en soi, à l'évaluation des régimes, même si l'existence d'une telle promotion pourrait justifier une analyse fondée sur d'autres facteurs.
Réintroduction du facteur d'activité substantielle pour évaluer les juridictions qui ne prélèvent qu'un impôt insignifiant, voire aucun impôt.	Il conviendrait de reprendre les travaux consacrés aux juridictions qui ne prélèvent qu'un impôt insignifiant, voire aucun impôt, et d'appliquer à ces juridictions le critère d'activité substantielle.
Orientations à visée interprétative sur l'application des facteurs existants aux fins d'évaluation des régimes	
Relations entre les facteurs essentiels d'évaluation des régimes et les autres facteurs.	Les autres facteurs n'indiquent pas, en tant que tels, qu'un régime est potentiellement dommageable, mais ils apportent des éléments probants dénotant qu'un ou plusieurs facteurs essentiels sont peut-être réunis.

Problématique	Résultat
Principales modifications apportées au cadre du FHTP	
Utilisation des résultats des examens par les pairs du Forum mondial relatifs à la transparence et à l'échange de renseignements pour éclairer l'analyse du facteur de transparence et du facteur d'échange de renseignements.	Dans la mesure où les résultats des examens par les pairs sur le cadre de transparence de l'Action 5 sont pertinents pour les questions qui sous-tendent le facteur de transparence, ils devraient être pris en compte, sans toutefois être déterminants. Le facteur de transparence du FHTP ne devrait pas être modifié pour tenir compte des résultats des examens par les pairs du Forum mondial concernant la transparence. Lors de l'évaluation des régimes au regard du facteur d'échange de renseignements, le FHTP devrait tenir compte, lorsque cela est pertinent, des résultats des examens par les pairs du Forum mondial.
Nouvelle interprétation du facteur relatif au cantonnement de manière à inclure « le cantonnement *de facto* ».	Le facteur relatif au cantonnement ne doit pas être modifié pour tenir compte du cantonnement *de facto*, selon lequel un régime préférentiel pourrait être considéré comme cantonné en raison du nombre relativement limité d'investisseurs ou de bénéficiaires résidents du régime même lorsque la juridiction n'impose aucune barrière juridique, administrative ou de toute autre nature à l'investissement intérieur.
Interprétation de l'analyse relative au cantonnement dans le cas des régimes préférentiels applicables aux opérations en devises	Un régime qui ne s'applique qu'aux transactions libellées en devises peut ne pas être considéré comme cantonné s'il est par ailleurs ouvert aux résidents, si ceux-ci ont accès à la monnaie étrangère en question, si celle-ci est utilisée comme monnaie fonctionnelle alternative dans la juridiction proposant le régime, et si aucun contrôle des changes ni aucune autre barrière juridique ou pratique n'empêche les contribuables résidents de conclure des transactions dans la devise qui leur permettrait de prétendre à bénéficier des avantages offerts par le régime.

2. Principales modifications apportées au Cadre FHTP

2.1 Mise à jour des facteurs définis dans le Rapport de 1998 aux fins de l'évaluation des régimes

13. Comme indiqué plus haut, le Rapport de 1998 (OCDE, 1998[1]) recensait quatre facteurs essentiels et huit autres facteurs applicables aux fins de l'examen des régimes préférentiels. Lors des travaux menés au titre du projet BEPS, deux de ces douze facteurs existants ont été analysés plus en détail : le facteur de transparence (ce qui a conduit au standard minimum concernant l'échange spontané obligatoire de renseignements sur les décisions fiscales) et le facteur d'activité substantielle. Au regard de ces changements, de l'expérience acquise lors de l'examen des régimes dans la pratique et d'autres résultats issus du projet BEPS, il convenait de réexaminer certains des « autres facteurs » existants pour établir s'il était nécessaire de les appliquer en tant qu'éléments distincts lors de l'examen des régimes.

14. L'évaluation a porté sur le rôle et la pertinence de trois « autres facteurs » décrits dans le Rapport de 1998 (OCDE, 1998[1]) : exercice d'une activité substantielle ; accès à un vaste réseau de conventions fiscales ; et promotion du régime en tant qu'instrument de minimisation de l'impôt.

15. Concernant le premier facteur, les travaux menés par le FHTP dans le cadre du projet BEPS ont conduit à augmenter l'importance accordée au critère d'activité substantielle, qui fait désormais partie des « facteurs essentiels », et non plus des « autres facteurs ». Aux fins de l'examen des régimes de PI (qui comprennent tout régime

accordant des avantages aux revenus issus de tout type d'actifs de PI), ce facteur impose que les juridictions n'accordent pas plus d'avantages que ceux autorisés au titre de l'approche du lien[3]. Aux fins de l'examen des régimes ne relevant pas de la PI, le FHTP a défini l'exigence relative aux activités substantielles comme suit : (1) les juridictions doivent vérifier que les activités principales génératrices de revenus sont exercées, et mettre en place des mécanismes pour veiller au respect de cette obligation ; et (2) le FHTP contrôlera la mise en œuvre effective par les juridictions du critère d'activité substantielle. En ce qui concerne les activités que les juridictions doivent exiger, le FHTP est convenu qu'elles imposent aux contribuables l'existence d'un nombre suffisant de salariés à temps plein possédant les compétences requises, et induisant des dépenses opérationnelles suffisantes pour entreprendre les activités essentielles nécessaires pour générer les revenus qui peuvent bénéficier du régime[4].

16.   Le deuxième facteur considéré, portant sur l'accès à un vaste réseau de conventions fiscales, avait initialement pour objectif de prévenir l'utilisation abusive des conventions fiscales, or, dans la pratique, l'existence d'un important réseau de conventions n'a pas d'effet en la matière. De plus, les travaux menés au titre de l'Action 6 du Projet BEPS ont rendu ce facteur superflu, dans la mesure où l'utilisation abusive des conventions fait l'objet de l'un des standards minimums issus du Projet BEPS adopté par les membres du Cadre inclusif et dont la mise en mise en œuvre fait l'objet d'un examen par les pairs. Par conséquent, il a été conclu que ce facteur n'était plus utile aux fins de l'évaluation des régimes préférentiels.

17.   Enfin, le facteur lié à la promotion d'un régime en tant qu'instrument de minimisation de l'impôt s'est révélé difficile à mettre en application. À titre d'exemple, la publicité ministérielle pouvait atteindre le niveau d'une promotion publique aux yeux de certains observateurs, mais pas de tous. Par ailleurs, l'utilisation de ce facteur pour établir le caractère dommageable d'un régime particulier ne va pas sans difficultés, sachant que la plupart des juridictions font la promotion de leurs régimes pour encourager leur utilisation, si bien qu'il est difficile de déterminer, au cas par cas, si cette promotion est dommageable, d'autant qu'une telle analyse ne fait pas progresser les débats. Il a été conclu que ce facteur n'était plus suffisamment utile en soi, en tant que facteur secondaire, mais que de telles actions de promotion pouvaient alerter sur la nécessité d'examiner d'autres facteurs.

18.   Compte tenu de ces changements, les facteurs essentiels applicables pour évaluer les régimes sont désormais au nombre de *cinq* :

(i)	Le régime n'impose pas ou très peu les revenus provenant d'activités financières et d'autres activités de service géographiquement mobiles.
(ii)	Le régime est cantonné par rapport à l'économie nationale.
(iii)	Le régime manque de transparence.
(iv)	Il n'existe pas d'échange effectif de renseignements concernant le régime.
(v)	Le régime ne prévoit aucun critère d'activité substantielle[5].

19.   Les facteurs secondaires sont les suivants :

(i)	Définition artificielle de la base d'imposition.
(ii)	Non-respect des principes internationaux applicables en matière de prix de transfert.
(iii)	Exonération de l'impôt du pays de résidence pour les revenus de source étrangère.

(iv)   Possibilité de négocier le taux ou l'assiette d'imposition.

(v)   Existence de dispositions relatives au secret.

2.2. Réintroduction du facteur d'activité substantielle pour les juridictions qui ne prélèvent pas d'impôt sur les bénéfices des sociétés ou qu'un impôt insignifiant

Introduction

20.   Le Rapport de 1998 (OCDE, 1998[1]) définit un cadre visant à mieux comprendre comment certaines juridictions qui ne prélèvent qu'un impôt insignifiant, voire aucun impôt (les « paradis fiscaux » selon l'expression utilisée pour les désigner dans le Rapport de 1998) et les régimes fiscaux préférentiels dommageables « affectent la localisation des activités financières et des autres prestations de services, sapent la base d'imposition d'autres pays, faussent les schémas d'échanges et d'investissement et portent préjudice à l'équité et la neutralité des régimes fiscaux ainsi qu'à l'adhésion à ces régimes du grand public en général »[6]. Le Rapport de 1998 (OCDE, 1998[1]) utilisait l'expression de « pratiques fiscales dommageables » pour qualifier collectivement certaines juridictions qui ne prélèvent qu'un impôt insignifiant, voire aucun impôt, ainsi que les régimes fiscaux préférentiels dommageables (quoique ces deux approches s'excluent mutuellement), et définissait le cadre d'évaluation de ces pratiques. L'intégration des deux aspects de ce phénomène était nécessaire, afin d'instaurer des règles du jeu équitables entre les juridictions, au vu de la facilité avec laquelle les contribuables peuvent relocaliser leurs activités mobiles pour tenir compte de considérations fiscales.

21.   Étant donné le reclassement du critère d'activité substantielle dans le cadre des travaux relatifs aux régimes préférentiels menés sous l'égide du projet BEPS, il était justifié de réintroduire le critère d'activité substantielle défini dans le Rapport de 1998 pour les juridictions qui ne prélèvent qu'un impôt insignifiant, voire aucun impôt, ou et de fournir des orientations sur l'application de ce critère.

Contexte

22.   Le cadre défini dans le Rapport de 1998 (OCDE, 1998[1]) pour l'évaluation des régimes préférentiels utilisait quatre facteurs essentiels et huit autres facteurs. Les quatre facteurs essentiels définis dans le Rapport de 1998 sont les suivants :

a) Le régime n'impose pas ou très peu les revenus provenant d'activités financières et d'autres activités de service géographiquement mobiles.

b) Le régime est cantonné par rapport à l'économie nationale.

c) Le régime manque de transparence (par exemple les détails de ce régime ou de son application ne sont pas apparents ou bien la supervision réglementaire ou la communication d'informations financières sont inadéquates).

d) Il n'existe pas d'échange effectif de renseignements concernant le régime.

23.   Le cadre correspondant pour déterminer si une juridiction doit être considérée comme un « paradis fiscal » repose sur quatre critères : (a) la juridiction n'applique pas d'impôts ou prélève uniquement des impôts minimes ; (b) absence d'échange effectif de renseignements ; (c) manque de transparence ; et (d) absence d'exigence relative à l'exercice d'activités substantielles[7].

24.   S'agissant du critère d'activité substantielle, le Rapport de 1998 fait observer que : « l'absence d'obligation d'exercer une activité substantielle joue un rôle de premier plan, car elle laisse penser qu'on s'efforce sans doute d'attirer des investissements et des opérations qui ont des motivations exclusivement fiscales. Elle peut aussi traduire le fait qu'on n'offre pas (ou qu'on ne peut offrir) un environnement juridique ou commercial ou des avantages économiques qui attireraient de véritables activités industrielles et commerciales en l'absence des possibilités de réduction au minimum de l'impôt »[8]. Il convient de noter que le raisonnement est ici sensiblement le même que celui qui s'applique aux régimes préférentiels.

25.   En 2001 toutefois, le FHTP a décidé de se contenter de demander à ce titre des engagements et de s'appuyer sur les trois premiers critères pour déterminer si une juridiction devait être considérée comme non coopérative[9]. Cette décision a été suivie en 2002 par la publication d'une liste de juridictions non coopératives établie sur la base de ces trois critères. Le quatrième critère, relatif à l'existence d'activités substantielles, a continué d'être pris en compte dans le cadre analytique des travaux, sans toutefois être mis en application dans la pratique.

26.   Le Forum mondial sur la transparence et l'échange de renseignements à des fins fiscales a ensuite été créé dans le prolongement du FHTP et a été chargé de conduire les travaux relatifs à la transparence et à l'échange de renseignements, sans faire de distinction entre les différents taux d'imposition ou régimes fiscaux applicables, et en plaçant tous les pays participants sur un pied d'égalité. Suite à ces évolutions, les travaux du FHTP ont été centrés sur les régimes préférentiels plutôt que sur les juridictions qui ne prélèvent qu'un impôt insignifiant, voire aucun impôt.

27.   C'est pourquoi jusqu'à la mise en œuvre du Projet BEPS, les deux cadres présentés dans le Rapport de 1998 (OCDE, 1998[1]) (à savoir, celui applicable aux juridictions qui ne prélèvent qu'un impôt insignifiant, voire aucun impôt, et celui applicable aux régimes préférentiels) comprenaient un critère fondé sur l'exercice d'activités substantielles, mais dans un cas comme dans l'autre, ce critère n'était pas considéré comme facteur déterminant aux fins de l'identification, et de la suppression, des pratiques fiscales dommageables.

28.   Les travaux conduits au titre du Plan d'action BEPS ont changé la donne, en reclassant le critère d'activité substantielle parmi les facteurs essentiels pour les régimes préférentiels, et le Cadre inclusif a ensuite défini des orientations sur les conditions à respecter pour satisfaire à ce critère[10]. Il s'agit désormais d'une exigence essentielle, et un régime préférentiel qui remplit le critère de départ et relève des travaux du FHTP sera, faute de satisfaire à cette exigence, considéré comme potentiellement dommageable. Ce principe s'applique désormais à l'ensemble des pays membres du Cadre inclusif, qui compte plus de 125 juridictions à ce jour, et s'impose comme un standard de référence au niveau mondial.

29.   Cette évolution pose néanmoins le problème de l'incohérence potentielle du cadre analytique qui sous-tend les travaux sur l'Action 5 du Projet BEPS : en effet, le critère d'activité substantielle est désormais reclassé parmi les facteurs essentiels dans l'un des deux volets de ces travaux, sans être appliqué dans l'autre, alors que, dans le Rapport de 1998, il avait été considéré comme un facteur essentiel dans ce contexte.

30.   Le Cadre inclusif a en outre, en reclassant le critère d'activité substantielle uniquement pour les régimes fiscaux préférentiels, créé la perception d'une iniquité des règles du jeu. De fait, une entreprise pourrait tout simplement décider de relocaliser son

activité vers une juridiction qui ne prélève qu'un impôt insignifiant, voire aucun impôt, pour échapper à l'obligation de respecter les exigences de substance applicables aux régimes fiscaux préférentiels. À titre d'exemple, certains membres du Cadre inclusif dotés d'un système d'imposition des bénéfices des sociétés proposent des régimes préférentiels aux entreprises commerciales internationales ; ces juridictions ont été évaluées et se sont engagées à abolir de tels régimes, ou à les modifier, auquel cas les obligations relatives à l'exercice d'activités substantielles doivent être ajoutées. Les entreprises commerciales internationales bénéficient dans le même temps de dispositions comparables dans les juridictions qui ne prélèvent qu'un impôt insignifiant, voire aucun impôt, qui pourtant, en vertu des règles actuelles d'application des critères, ne peuvent être tenues par le Cadre inclusif d'amender ou d'abolir lesdites dispositions. D'aucuns prétendent que les juridictions qui appliquent de faibles taux d'imposition sur les bénéfices des sociétés pourraient même être incitées à envisager de supprimer ces taux, d'où une course possible au moins-disant que la création du FHTP visait justement à éviter.

31.   Il a été décidé de remédier à cette incohérence potentielle pour ne pas compromettre l'équité des règles du jeu, en s'appuyant sur les orientations déjà adoptées par le Cadre inclusif sur le facteur d'activité substantielle applicable aux régimes préférentiels. Cela permettrait d'imposer des exigences comparables à des activités commerciales mobiles comparables, que celles-ci soient exercées dans le cadre d'un régime fiscal préférentiel ou qu'elles supportent un impôt nul ou insignifiant.

32.   La réintroduction du facteur d'activité substantielle pour évaluer les juridictions qui ne prélèvent qu'un impôt insignifiant, voire aucun impôt, permettrait de résoudre la question de l'équité des règles du jeu, et de reconnaître les risques spécifiques que ces juridictions créent en attirant un revenu sans activités locales substantielles.

33.   Toutefois, cela n'implique pas que l'absence de taux d'imposition sur les sociétés ou qu'un quelconque niveau d'imposition sur les bénéfices des sociétés soit en soi dommageable. Ce cas de figure correspond à ceux prévus dans le cadre analytique utilisé pour les régimes préférentiels, selon lequel un taux d'imposition effectif nul ou peu élevé constitue un critère de départ aux fins de l'analyse des régimes préférentiels, mais n'est pas en soi une caractéristique dommageable.

Transposition des exigences d'activités substantielles pour les juridictions qui ne prélèvent pas d'impôt ou qu'un impôt insignifiant

Champ d'application

34.   La transposition des orientations du FHTP relatives aux activités substantielles pour les juridictions qui ne prélèvent qu'un impôt insignifiant, voire aucun impôt, nécessite, dans un premier temps, d'identifier les juridictions concernées. Ces orientations s'appliqueraient aux juridictions qui ne prélèvent pas d'impôt sur les bénéfices des sociétés, ainsi qu'aux juridictions qui n'appliquent qu'un taux minime d'impôt sur les sociétés afin d'échapper à leurs obligations[11]. Elles ne s'appliqueraient pas aux juridictions ayant fait l'objet d'un examen au titre des régimes préférentiels qu'elles offrent (à moins d'avoir entrepris ultérieurement des réformes substantielles ayant aboli ou considérablement réduit l'impôt sur les bénéfices des sociétés).

35.   L'étape suivante consiste à déterminer le type d'activités qui entrent dans le champ d'application du Rapport de 1998 (OCDE, 1998[1]). Il s'agit des activités géographiquement mobiles, telles que les activités financières et autres prestations de services, y compris la fourniture de biens incorporels. Le FHTP a d'une manière générale

regroupé ces activités mobiles en différentes catégories : sièges sociaux, centres de services, centres de distribution, financement et crédit-bail, gestion de fonds, banque, assurance, transport maritime, sociétés holding et fourniture de biens incorporels.

36.   Les exigences en matière d'activités substantielles s'appliquent à ces activités. Les orientations du FHTP en la matière se répartissent en deux grandes catégories : les activités génératrices de revenus autres que des revenus de PI (décrites en Annexe D du Rapport d'étape de 2017 (OCDE, 2017[3])), et les activités visant l'exploitation d'actifs de PI (qui relèvent de l'approche du lien décrite dans le Rapport de 2015 sur l'Action 5 (OCDE, 2016[2])).

Revenus autres que les revenus de PI

37.   Les juridictions qui ne prélèvent qu'un impôt insignifiant, voire aucun impôt, seraient, pour les activités couvertes génératrices de revenus ne relevant pas de la PI, tenues de respecter le même critère d'activité substantielle[12]. En d'autres termes, elles devraient mettre en place la législation qui s'impose pour : (i) définir les activités essentielles nécessaires à la génération du revenu pour chaque secteur d'activité ; (ii) s'assurer que les principales activités génératrices de revenus relevant de la catégorie d'activité visée sont bien entreprises par l'entité considérée (ou menées sur le territoire de la juridiction) ; (iii) exiger de l'entité en question d'employer un nombre suffisant de salariés à temps plein possédant les compétences requises et induisant des dépenses opérationnelles suffisantes pour entreprendre ces activités ; et (iv) mettre en place un mécanisme transparent pour veiller au respect des obligations et prévoir un mécanisme efficace de sanction dès lors que ces principales activités génératrices de revenus ne sont pas exercées par l'entité ou menées dans la juridiction.

38.   Pour pouvoir mettre en application de telles exigences en l'absence éventuelle d'un impôt sur les bénéfices des sociétés à prélever et, dans certains cas, d'une administration fiscale, une juridiction devra mettre en place des règles pour transposer ces obligations au sein de son cadre juridique et réglementaire. Des dispositions pourront, par exemple, être introduites dans le dispositif réglementaire qui régit les services financiers ou la constitution des sociétés.

Revenus de PI

39.   Lorsque les activités commerciales consistent à exploiter des actifs de PI, le FHTP utilise « l'approche du lien » aux fins des exigences de substance. Cette approche comporte deux grandes étapes : la première consiste à définir une formule pour déterminer le montant de revenu éligible qui permet de prétendre à bénéficier d'un taux d'imposition réduit ; la deuxième, qui découle de la première, consiste à imposer au taux normal (plus élevé) d'imposition le montant de revenu qui n'ouvre pas droit à cet avantage. La difficulté, pour une juridiction qui ne prélève qu'un impôt insignifiant, voire aucun impôt, réside dans le fait que si l'application de la formule (dont le résultat pourrait être un revenu éligible égal à zéro) est envisageable, les modalités de mise en œuvre de la deuxième étape ne sont pas claires.

40.   En d'autres termes, l'approche du lien de toute évidence ne fonctionnerait pas comme prévu parce qu'elle est conçue pour être mise en œuvre dans le cadre d'un système d'imposition des bénéfices des sociétés. Dans un tel système, le contribuable dont le revenu, en vertu de l'approche du lien, n'ouvre pas droit aux avantages fiscaux (revenus provenant de marques, ou revenus de PI, lorsque celle-ci a été acquise et non développée par l'entité considérée) se voit appliquer le taux normal d'imposition des bénéfices des sociétés. Un tel principe ne peut être transposé par analogie pour les

juridictions qui ne prélèvent qu'un impôt insignifiant, voire aucun impôt, dans la mesure où celles-ci n'appliquent pas d'impôt sur les sociétés.

41.   La meilleure solution pour transposer le principe qui sous-tend l'approche du lien dans les juridictions qui ne prélèvent qu'un impôt insignifiant, voire aucun impôt, et instaurer des règles du jeu équitables consisterait à suivre une approche similaire à celle applicable aux revenus autres que ceux de la PI, à savoir les indications relatives aux principales activités génératrices de revenus.

42.   Quel que soit le cas de figure, on pourra d'emblée toujours considérer que les exigences d'activités substantielles applicables aux revenus de PI sont insuffisantes si l'entité ne fait que détenir passivement des actifs de PI créés et exploités sur la base de décisions prises et d'activités exercées en dehors de la juridiction. De la même façon, le critère ne pourra en aucun cas être rempli si les seules activités à l'origine du revenu sont les décisions périodiques prises par des membres du conseil d'administration qui ne résident pas dans cette juridiction.

Revenus de PI – brevets et actifs de PI similaires

43.   Dans ce cas de figure, à savoir lorsqu'une entité tire un revenu de l'exploitation d'un brevet (ou d'actifs de PI similaires tels que définis aux paragraphes 34 à 37 du Rapport final de 2015 sur l'Action 5), celle-ci devrait être tenue d'apporter la preuve que les principales activités génératrices de revenus ont été exercées avec un nombre suffisant de salariés à temps plein possédant les compétences requises et induisent des dépenses opérationnelles suffisantes pour entreprendre ces activités (OCDE, 2016[2]). Dans ce cas, la conduite des travaux de recherche-développement (plutôt que leur simple acquisition ou externalisation) constituerait la principale activité génératrice de revenus, selon une approche identique à celle qui sous-tend l'approche du lien.

Revenus de PI – actifs incorporels de commercialisation

44.   Un ajustement de l'approche du lien serait nécessaire pour les cas dans lesquels une entité exploite des actifs incorporels de commercialisation comme des marques[13]. L'approche du lien prévoit que ce type d'actif de PI ne permet pas de bénéficier d'un régime préférentiel, dans la mesure où la logique qui sous-tend un régime de PI est d'encourager et de récompenser l'innovation scientifique plutôt que les activités de commercialisation, la conséquence étant qu'un contribuable engagé dans l'exploitation d'actifs incorporels de commercialisation est imposé au taux ordinaire. Cependant, dans les juridictions qui ne prélèvent qu'un impôt insignifiant, voire aucun impôt, par définition aucun taux d'imposition « ordinaire » (tout au moins significatif) n'est disponible comme référence. On pourrait adopter une approche analogue à celle exposée au paragraphe précédent, prévoyant des exigences similaires relatives à l'exercice d'activités substantielles, et considérer que la stratégie de marque, la commercialisation et la distribution de l'actif constituent dans ce cas les principales activités génératrices de revenus.

Revenus de PI – cas exceptionnels et présomption réfragable

45.   Il est possible qu'une entité exploitant des actifs de PI dans une juridiction qui ne prélève qu'un impôt insignifiant, voire aucun impôt, exerce en fait des activités substantielles, même si ces activités n'impliquent pas de travaux de recherche-développement (dans le cas des brevets et actifs similaires) ni de stratégie de marque ou d'activités de commercialisation et de distribution (dans le cas des actifs de commercialisation). Si ce type de cas de figure doit constituer l'exception et non la règle,

il peut être justifié, dans certaines situations, de permettre à l'entité de bénéficier d'une certaine flexibilité pour démontrer que les principales activités génératrices de revenus sont exercées avec un nombre suffisant de salariés à temps plein possédant les compétences requises et induisent des dépenses opérationnelles suffisantes pour entreprendre ces activités. On pourrait notamment prendre en compte dans ces activités la prise de décision stratégique, la gestion et la prise en charge des risques liés au développement et à l'exploitation ultérieure de l'actif de PI, ou la conduite des activités commerciales sous-jacentes qui sous-tendent l'exploitation de l'actif.

46.   Néanmoins, l'absence d'activités substantielles sous la forme d'activités de recherche-développement, ou encore de stratégie de marque ou d'activités de commercialisation et de distribution (selon la nature de l'actif de PI considéré) étant source de risques supplémentaires, la possibilité offerte aux entités d'exercer d'autres types d'activités que celles-ci tout en satisfaisant quand même au critère d'activité substantielle devrait à première vue être exclue dans les scénarios présentant des risques plus élevés.

47.   On peut citer comme exemple de scénarios présentant des risques plus élevés les cas dans lesquels : i) l'entité a acquis l'actif de PI auprès de parties liées ou par l'intermédiaire de l'entité finançant les activités de recherche-développement menées en dehors de la juridiction qui ne prélève qu'un impôt insignifiant, voire aucun impôt ; et ii) l'actif de PI est cédé sous licence ou vendu à des parties liées, ou son exploitation est confiée à une partie liée en dehors de la juridiction (à des parties liées étrangères, par exemple, rémunérées pour développer et vendre un produit qui intègre l'actif incorporel).

48.   Dans ce type de scénario, on pourrait admettre comme « présomption réfragable » que le critère d'activité substantielle n'est pas rempli en l'absence d'activités de recherche-développement (dans le cas des brevets et actifs similaires) ou encore de stratégie de marque ou d'activités de commercialisation et de distribution (dans le cas des actifs de commercialisation). Et ce, nonobstant l'attribution d'une partie des bénéfices à l'entité dans le cadre d'une analyse de prix de transfert.

49.   Néanmoins, la présomption réfragable, à l'instar de celle créée par l'Action 5 du BEPS dans le contexte de l'approche du lien, pourrait être réfutée par une entreprise considérée comme présentant un niveau de risques élevé, qui devrait alors apporter la preuve que le revenu généré est directement en lien avec les activités exercées dans la juridiction locale et non pas dans une juridiction étrangère.

50.   Au vu des risques en jeu, le niveau de preuve exigé devrait être élevé. Les entités devraient être tenues d'apporter la preuve que le contrôle sur les fonctions de mise au point, d'amélioration, d'entretien, de protection et d'exploitation (fonctions DEMPE) de l'actif incorporel a toujours été élevé, et qu'il est exercé par un nombre suffisant de salariés à temps plein possédant les compétences requises qui résident et exercent leurs activités de façon permanente dans la juridiction. Les renseignements complémentaires suivants devraient à cette fin être fournis :

- des plans d'activité détaillés, démontrant la logique commerciale qui sous-tend la détention des actifs de PI dans la juridiction ;

- le profil des salariés, y compris leur niveau d'expérience, le type de contrat qui les lie à l'entreprise, leurs qualifications et leur ancienneté dans l'entreprise ; et

- des preuves attestant que les décisions sont prises dans la juridiction, et qu'il ne s'agit pas de décisions périodiques prises par des membres non résidents du conseil.

51.   En accord avec l'approche convenue pour certains aspects de l'approche du lien, cette présomption réfragable serait soumise à la procédure d'examen du FHTP en 2020 au plus tard.

52.   Le graphique 1 donne une vue d'ensemble des exigences applicables aux revenus tirés des actifs de PI.

Suivi du respect des obligations

53.   La mise en place d'un mécanisme efficace pour assurer le respect des obligations constitue l'un des éléments clés de la mise en œuvre des exigences relatives aux activités substantielles. Une juridiction qui prélève un impôt et propose un régime préférentiel pourra à cette fin collecter des renseignements dans les déclarations de revenus, et refuser les avantages prévus dès lors que les exigences ne sont pas respectées. De tels mécanismes n'étant pas applicables dans les juridictions qui ne prélèvent qu'un impôt insignifiant, voire aucun impôt, d'autres approches devront être envisagées comme moyen équivalent d'assurer le respect des obligations.

54.   Premièrement, un mécanisme devrait être mis en place pour identifier les entités qui exercent des activités mobiles dans les catégories visées et déterminer si elles exercent bien les principales activités génératrices de revenus. Pour ce faire, les entités concernées devraient être tenues de transmettre à la juridiction les renseignements suivants :

- nature de l'activité mobile exercée ;

- principales activités génératrices de revenus exercées par l'entité ;

- montant et nature du revenu brut (rentes, redevances, dividendes, ventes, services) ;

- montant et nature des dépenses engagées, et biens et locaux détenus, dans le cadre de l'exercice de l'activité ; et

- nombre de salariés qualifiés à temps plein

55.   Deuxièmement, un mécanisme devrait être prévu pour pouvoir prendre les mesures qui s'imposent lorsqu'une entité vient à manquer à ses obligations en matière d'activités substantielles. Étant donné l'impossibilité d'appliquer un taux d'imposition majoré comme dans le cas des régimes préférentiels, un mécanisme de sanction rigoureux, efficace et dissuasif devrait être prévu. L'analyse du contexte permettra de déterminer si un mécanisme de sanction est rigoureux, efficace et dissuasif. Un tel mécanisme devrait, le cas échéant, prévoir la radiation de l'entreprise du registre des sociétés si cette sanction est efficace. Ces juridictions devraient également poursuivre leurs efforts de mise en application de l'échange et remédier à toute défaillance dans ce domaine.

Tableau A.2. Application des exigences de substance pour les revenus de PI

Situations présentant un risque faible					Situations présentant un risque élevé (intervention de parties liées étrangères)			
1. Actifs de PI (brevets, par ex.) *Activité substantielle* = R-D	+ Personnel, locaux, équipements, dépenses et prises de décision etc. indispensables à l'exercice de l'activité	+ **Informations à communiquer** Type A. Nature de l'activité, montant brut des revenus, dépenses, biens et locaux, effectifs, preuve de l'existence des principales activités génératrices de revenu, etc.	=	✓	1. Actifs de PI (brevets, par ex.) Activité substantielle = R-D	+ Personnel, locaux, équipements, dépenses et prises de décision etc. indispensables à l'exercice de l'activité	+ **Informations à communiquer** Type A. Nature de de l'activité, montant brut des revenus, dépenses, biens et locaux, effectifs, preuve de l'existence des principales activités génératrices de revenu, etc.	= ✓
2. Actifs de commercialisation (marques, par ex.) Activité substantielle = stratégie de marque, de commercialisation et de distribution	+ Personnel, locaux, équipements, dépenses et prises de décision etc. indispensables à l'exercice de l'activité	+ **Informations à communiquer** Type A. Nature de l'activité, montant brut des revenus, dépenses, biens et locaux, effectifs, preuve de l'existence des principales activités génératrices de revenu, etc.	=	✓	2. Actifs de commercialisation (marques, par ex.) Activité substantielle = stratégie de marque, de commercialisation et de distribution	+ Personnel, locaux, équipements, dépenses et prises de décision etc. indispensables à l'exercice de l'activité	+ **Informations à communiquer** Type A. Nature de de l'activité, montant brut des revenus, dépenses, biens et locaux, effectifs, preuve de l'existence des principales activités génératrices de revenu, etc.	= ✓
3. Autres activités essentielles génératrices de revenu Activité substantielle = prise de décision stratégique, gestion et prise en charge des risques, activités commerciales sous-jacentes, etc.	+ Personnel, locaux, équipements, dépenses et prises de décision etc. indispensables à l'exercice de l'activité	+ **Informations à communiquer** Type A. Nature de l'activité, montant brut des revenus, dépenses, biens et locaux, effectifs, preuve de l'existence des principales activités génératrices de revenu, etc.	=	✓	3. Autres principales activités génératrices de revenu *Activité substantielle =* - *Implication élevée dans les fonctions DEMPE ; &* - *Données historiques sur les fonctions DEMPE ; &* - *Salariés à temps plein hautement qualifiés qui résident et exercent les activités essentielles de façon permanente dans la juridiction ne prélevant qu'un impôt insignifiant, voire aucun impôt*	+ Personnel, locaux, équipements, dépenses et prises de décision etc. indispensables à l'exercice de l'activité	+ **Informations à communiquer** Informations de Type A *PLUS* Informations de Type B - Plans d'activité détaillés - Profil des salariés - Preuve de la prise de décision dans la juridiction	= ✓

Situations ne permettant pas de remplir les exigences de substance applicables aux revenus tirés des actifs de PI

4. Simple détention passive des actifs de PI dans la juridiction	=	✗
5. Décisions périodiques prises par de membres non résidents du conseil d'administration	=	✗

56.   Troisièmement, un mécanisme renforcé devrait également être mis en place pour l'échange spontané des renseignements transmis à la juridiction. Ce mécanisme devrait s'appuyer sur les instruments en vigueur relatifs à l'échange de renseignements et être encadré par ces instruments. Le mécanisme d'échange spontané de renseignements se composera de deux volets. Premièrement, pour les entités qui ne se conforment pas à l'obligation d'activités substantielles, toutes les juridictions qui ne prélèvent qu'un impôt insignifiant, voire aucun impôt, seraient tenues d'échanger spontanément tous les renseignements pertinents avec les juridictions de résidence de la société mère directe, de la société mère ultime et du bénéficiaire effectif ultime.

57.   En outre, en dehors du contexte des entités non conformes, la portée de l'échange spontané renforcé dépendra de la capacité des juridictions qui ne prélèvent qu'un impôt insignifiant, voire aucun impôt, à démontrer qu'elles sont dotées d'un processus de suivi en bonne et due forme. Cela désigne un processus de suivi géré par une administration fiscale ou par un autre organisme public qui dispose des ressources et qui a mis en place les procédures nécessaires pour garantir non seulement un processus efficace de collecte de données, mais aussi un examen de haute qualité du critère d'activité substantielle accompagné d'un suivi proactif le cas échéant. Le FHTP déterminera si les mécanismes de suivi répondent à ces exigences de ressources appropriées et de procédures efficaces.

58.   Si une juridiction apporte la preuve qu'elle a mis en place un processus de suivi en bonne et due forme, elle serait uniquement tenue d'échanger spontanément des renseignements sur les entités engagées dans des scénarios présentant des risques élevés, tels que définis au paragraphe 34. Dans de tels scénarios, l'échange suivrait un processus en deux étapes. La première étape consisterait à échanger chaque année : le nom et l'adresse de l'entité ; la nature du revenu mobile ; le nom de la société mère directe, de la société mère ultime et du bénéficiaire effectif ultime ; ainsi que le montant et la nature du revenu brut (rentes, redevances, dividendes, ventes, services par exemple). Dans un second temps, la juridiction destinataire pourrait ensuite adresser, dans le cadre de la relation d'échange de renseignements, une demande de suivi afin d'obtenir des informations complémentaires.

59.   Si une juridiction n'apporte pas la preuve qu'elle a mis en place un processus de suivi en bonne et due forme, elle serait tenue d'échanger spontanément tous les renseignements pertinents sur les entités engagées dans des scénarios présentant des risques élevés, tels que définis au paragraphe 34. Pour toutes les autres entités exerçant des activités couvertes telles que définies au paragraphe 22, la juridiction serait tenue de suivre le processus d'échange en deux étapes décrit au paragraphe 45.

60.   Tous les échanges communiqueraient des renseignements aux juridictions de résidence de la société mère directe, de la société mère ultime et du bénéficiaire effectif ultime.

61.   Les deux tableaux suivants indiquent les différents types de renseignements à échanger dans divers scénarios.

Tableau A.3. Juridictions dotées de mécanismes de suivi en bonne et due forme

Scénario nécessitant un échange de renseignements	Contenu de l'échange	Juridictions destinataires
Non-conformité par l'entité	• Nom et adresse de l'entité • Résumé des éléments du critère des principales activités génératrices de revenus auxquels l'entité ne satisfait pas • Nom de la société mère directe, de la société mère ultime et du bénéficiaire effectif ultime • Nature du revenu mobile • Montant et nature du revenu brut • Montant et nature des dépenses engagées, des actifs et locaux détenus, dans le cadre de l'exercice de l'activité • Nombre de salariés qualifiés à temps plein • Autres informations pertinentes	Juridictions de résidence : • de la société mère directe • de la société mère ultime • du bénéficiaire effectif ultime
Dans les cas à risques élevés (voir paragraphe 34) qui ne sont pas également des cas de non-conformité par l'entité	*Étape 1* : échange annuel des informations suivantes : • Nom et adresse de l'entité • Nature du revenu mobile • Nom de la société mère directe, de la société mère ultime et du bénéficiaire effectif ultime • Montant et nature du revenu brut (rentes, redevances, dividendes, ventes, services) *Étape 2* : la juridiction destinataire adresse une demande de suivi afin d'obtenir des informations complémentaires	Juridictions de résidence : • de la société mère directe • de la société mère ultime • du bénéficiaire effectif ultime

Tableau A.4. Juridictions dépourvues de mécanismes de suivi en bonne et due forme

Scénario nécessitant un échange de renseignements	Contenu de l'échange	Juridictions destinataires
Non-conformité par l'entité et dans les cas à risque élevés (voir paragraphe 34)	• Nom et adresse de l'entité • Résumé des éléments du critère des principales activités génératrices de revenus auxquels l'entité ne satisfait pas (pour les entités non conformes) • Résumé des principales activités génératrices de revenus exercées par l'entité (pour les scénarios à risques élevés) • Nom de la société mère directe, de la société mère ultime et du bénéficiaire effectif ultime • Nature du revenu mobile • Montant et nature du revenu brut • Montant et nature des dépenses engagées, des actifs et locaux détenus, dans le cadre de l'exercice de l'activité • Nombre de salariés qualifiés à temps plein • Autres informations pertinentes	Juridictions de résidence : • de la société mère directe • de la société mère ultime • du bénéficiaire effectif ultime
Dans tous les autres cas faisant intervenir des entités engagées dans des activités couvertes (voir paragraphe 22)	*Étape 1* : échange annuel des informations suivantes : • Nom et adresse de l'entité • Nature du revenu mobile • Nom de la société mère directe, de la société mère ultime et du bénéficiaire effectif ultime • Montant et nature du revenu brut (rentes, redevances, dividendes, ventes, services) *Étape 2* : la juridiction destinataire adresse une demande de suivi afin d'obtenir des informations complémentaires	Juridictions de résidence : • de la société mère directe • de la société mère ultime • du bénéficiaire effectif ultime

62.   Pour activer les échanges ci-dessus, les juridictions destinataires devraient choisir de recevoir les renseignements échangés spontanément.

63.   Les modalités du cadre d'échange décrit ci-dessus, y compris la terminologie employée, le calendrier des échanges, les données spécifiques, les détails de ce qui constitue un mécanisme de suivi en bonne et due forme, le mécanisme de sélection et le développement d'un modèle standardisé et d'un schéma XML, seront élaborés en coopération avec le Groupe de travail n° 10 (GT10), en s'inspirant d'autres régimes déclaratifs, en 2019 et avant le début des premiers échanges au titre de ce cadre.

64.   Pour garantir l'efficacité du mécanisme de collecte et d'échange de renseignements, un examen aura lieu en 2022 en coopération avec le GT10, ce qui laisse suffisamment de temps pour permettre aux juridictions d'acquérir une expérience du mécanisme. Si des problèmes spécifiques devaient se manifester au cours du fonctionnement du mécanisme d'échange, le FHTP pourrait organiser un examen anticipé.

3. Orientations à visée interprétative sur l'application des facteurs existants aux fins de l'évaluation des régimes

3.1. Introduction

65.   Cette deuxième partie présente des orientations à visée interprétative sur l'application des facteurs existants lors de l'examen des régimes préférentiels. Elle comprend trois sections : description des relations entre les facteurs essentiels et les autres facteurs et de la manière dont les facteurs secondaires peuvent éclairer l'analyse des facteurs essentiels ; orientations pour l'interprétation les facteurs de transparence et d'échange de renseignements ; et orientations relatives au facteur de cantonnement, qu'il s'agisse de caractéristiques de cantonnement de fait ou de régimes applicables aux opérations en devises.

3.2. Relations entre les facteurs essentiels d'évaluation des régimes et les autres facteurs

66.   Le premier facteur essentiel doit être respecté pour que l'analyse du caractère dommageable d'un régime par le FHTP se poursuive. Si l'un des quatre facteurs essentiels restants est également présent, le régime sera jugé comme potentiellement dommageable.

67.   Lorsqu'il détermine si les cinq facteurs essentiels sont présents, le FHTP peut examiner toute information pertinente mais plusieurs facteurs secondaires peuvent être particulièrement pertinents. Ces facteurs n'indiquent pas, en tant que tels, qu'un régime est potentiellement dommageable mais ils apportent des éléments probants dénotant qu'un ou plusieurs facteurs essentiels sont peut-être réunis. Les sous-sections ci-après présentent les facteurs secondaires pertinents à prendre en compte et les autres points liés aux facteurs essentiels. Les exemples qu'elles contiennent sont fournis à titre d'illustration uniquement. Les facteurs secondaires pourront être pris en compte par le FHTP dans le cadre de l'examen de l'un quelconque des facteurs essentiels, et chacun de ces facteurs secondaires pourra être considéré comme pertinent pour plus d'un facteur essentiel.

Déterminer si un régime prévoit des taux effectifs d'imposition nuls ou peu élevés

68.   Pour déterminer si un régime prévoit des taux effectifs d'imposition nuls ou peu élevés, le FHTP peut prendre en compte les facteurs secondaires suivants :

- Définition artificielle de la base d'imposition : le Rapport de 1998 (OCDE, 1998[1]) et la Note d'application consolidée (OCDE, 2004[4]) indiquent clairement que le premier facteur essentiel prend en compte les taux effectifs d'imposition ainsi que les taux légaux. Il est donc approprié d'examiner comment est définie la base d'imposition lors de la détermination du taux effectif d'imposition.

- Possibilité de négocier le taux ou l'assiette d'imposition : le Rapport de 1998 (OCDE, 1998[1]) et la Note d'application consolidée (OCDE, 2004[4]) indiquent clairement que le premier facteur essentiel prend en compte les taux effectifs d'imposition ainsi que les taux légaux. Il convient donc d'examiner si le taux ou l'assiette de l'impôt peuvent être négociés lors de la détermination du taux effectif d'imposition.

- Non-adhésion aux principes internationaux applicables en matière de prix de transfert : il ressort clairement de la Note d'application consolidée (OCDE, 2004[4]) que le fait de ne pas adhérer aux principes internationaux applicables en matière de prix de transfert risque de conduire à des écarts de base d'imposition s'agissant des transactions intra-groupe, lesquels peuvent se traduire par une diminution de la base d'imposition et, partant, du taux effectif d'imposition.

Déterminer si un régime est cantonné

69.   Pour déterminer si un régime est cantonné, le FHTP peut prendre en compte le facteur secondaire suivant :

- Exonération de l'impôt du pays de résidence pour les revenus de source étrangère : le Rapport de 1998 (OCDE, 1998[1]) précise que ce facteur secondaire doit être pris en compte car « [un] pays exonérant d'impôt tous les revenus de source étrangère (autrement dit, un système fondé sur la territorialité) peut être particulièrement attrayant, puisque cette exonération réduit le taux effectif d'imposition des revenus et incite à l'implantation d'activités pour des raisons fiscales et non pour des raisons industrielles ou commerciales. Les entreprises qui bénéficient de ces régimes pouvant être utilisées comme relais ou pouvant se livrer au chalandage fiscal, il pourra en résulter pour les autres pays des effets dommageables ». Néanmoins, la Note d'application consolidée (OCDE, 2004[4]) indique (paragraphe 243) que la question du cantonnement ne se pose pas dans le cas de mesures qui font partie du droit fiscal commun d'une juridiction ou de mesures de non-imposition des revenus de source étrangère conçues pour éliminer ou atténuer la double imposition, comme indiqué aux paragraphes 243-244 de la Note d'application consolidée (OCDE, 2004[4])[14]. Conformément au Rapport de 1998, le facteur secondaire relatif à l'exonération d'impôt des revenus de succursales étrangères peut indiquer si un régime particulier est cantonné.

- Non-adhésion aux principes internationaux applicables en matière de prix de transfert : il ressort clairement de la Note d'application consolidée que ce facteur peut signaler un cantonnement lorsque les avantages octroyés en vertu d'un régime de prix de transfert sont explicitement ou implicitement réservés aux entreprises à capitaux étrangers ou lorsque les transactions effectuées par des contribuables bénéficiant du régime avec des entreprises associées situées à l'étranger sont traitées de manière plus favorable que des transactions similaires effectuées avec des entreprises associées sur le marché intérieur.

Déterminer si un régime manque de transparence

70.   Pour déterminer si un régime manque de transparence, le FHTP peut prendre en compte les facteurs secondaires suivants :

- Non-respect des principes internationaux applicables en matière de prix de transfert : le Rapport de 1998 (OCDE, 1998[1]) relève que les cas les règles relatives aux prix de transfert peuvent faire l'objet d'une application non cohérente ou négociables selon des modalités non transparentes (par exemple, lorsque les principes d'affectation des revenus ne sont pas clairement stipulés dans les textes législatifs et réglementaires, ou lorsqu'un contribuable peut négocier un prix de transfert avec l'administration fiscale compétente). Par conséquent, l'absence d'exigences relatives à l'application cohérente des règles de calcul des prix de transfert peut être une indication pertinente pour établir si un régime manque de transparence.

- Possibilité de négocier le taux ou l'assiette d'imposition : le fait qu'un contribuable soit en mesure de négocier le taux ou l'assiette d'imposition dans le cadre d'un régime préférentiel peut soulever des préoccupations quant au manque de transparence de ce régime.

Déterminer s'il n'existe pas d'échange effectif de renseignements

71.   Pour déterminer s'il n'existe pas d'échange effectif de renseignements, le FHTP peut examiner le facteur secondaire suivant :

- Existence de dispositions relatives au secret : Ce facteur secondaire, qui n'appelle pas de révision, peut indiquer si le facteur d'échange de renseignements est respecté.

Résumé

72.   La liste ci-dessous présente des exemples de facteurs secondaires qui peuvent éclairer l'analyse relative aux facteurs essentiels de la manière suivante :

- (i)   Définition artificielle de la base d'imposition. Ce facteur secondaire peut révéler si les facteurs essentiels sont réunis, et notamment si un régime comporte des taux effectifs d'imposition nuls ou peu élevés.
- (ii)   Non-respect des principes internationaux applicables en matière de prix de transfert. Ce facteur secondaire peut révéler si un régime comporte des taux effectifs d'imposition nuls ou peu élevés, s'il est cantonné ou s'il ne répond pas aux exigences relatives à la transparence.
- (iii)   Exonération de l'impôt du pays de résidence pour les revenus de source étrangère. Ce facteur secondaire peut indiquer si les facteurs essentiels sont réunis, et notamment si un régime est cantonné.
- (iv)   Possibilité de négocier le taux ou l'assiette d'imposition. Ce facteur secondaire peut révéler si les facteurs essentiels sont réunis, et notamment si un régime comporte des taux effectifs d'imposition nuls ou peu élevés et manque de transparence.
- (v)   Existence de dispositions relatives au secret. Ce facteur secondaire peut contribuer à déterminer si les facteurs essentiels sont réunis, et notamment si un régime échappe à l'échange de renseignements.

3.3. Orientations complémentaires pour l'interprétation des facteurs de transparence et d'échange de renseignements

73.   Le standard minimum de l'Action 5 a déjà révisé les éléments à prendre en compte par le FHTP lorsqu'il évalue si un régime manque de transparence concernant les décisions fiscales anticipées. Lorsqu'une administration rend une décision fiscale au titre d'un régime, les informations concernant cette décision doivent être échangées spontanément, comme l'exige le Rapport final sur l'Action 5 (OCDE, 2016[2]) (le « Cadre de transparence »)[15].

74.   Une autre question consistait à déterminer si le FHTP devrait tenir compte des résultats des examens par les pairs concernant la conformité d'un pays au cadre de transparence lorsqu'il détermine si un régime manque de transparence concernant des décisions rendues. Il a été convenu que, dans la mesure où les résultats des examens par les pairs étaient pertinents pour les questions qui sous-tendent le facteur de transparence, leurs conclusions devraient être prises en compte, sans toutefois être déterminantes.

75.   Toutefois, dans les examens par les pairs relatifs à l'échange de renseignements sur demande qui sont effectués par le Forum mondial sur la transparence et l'échange de renseignements à des fins fiscales (le « Forum mondial »), la transparence évaluée, à savoir la transparence au regard de la disponibilité des renseignements (renseignements bancaires, renseignements comptables, renseignements relatifs à l'identité et à la propriété) auxquels les administrations fiscales peuvent avoir accès et qu'elles peuvent échanger, en vertu d'une base juridique, avec d'autres administrations fiscales, diffère fondamentalement de la définition du facteur de transparence figurant dans le Rapport de 1998 (OCDE, 1998[1]), laquelle met l'accent sur le fonctionnement des dispositions juridiques et administratives applicables à un régime. Il a donc été conclu que les résultats des examens par les pairs du Forum mondial devraient être pris en compte, dans la mesure où ils contiennent des informations pertinentes pour le facteur de transparence, mais qu'ils ne peuvent toutefois être déterminants pour l'évaluation d'un régime au regard de ce facteur.

76.   En tout état de cause, il serait raisonnable de considérer qu'un examen par les pairs négatif peut être révélateur des lacunes d'une juridiction dans des domaines tels que l'échange de renseignements, et qu'il serait illogique d'ignorer l'ensemble des résultats des examens par les pairs du Forum mondial dans l'application du facteur d'échange de renseignements. Il a donc été conclu que les examens par les pairs du Forum mondial devraient être pris en compte dans l'évaluation du facteur d'échange de renseignements pour les régimes fiscaux préférentiels lorsqu'ils contiennent des informations pertinentes.

3.4. Orientations complémentaires concernant le cantonnement

Cantonnement de facto

77.   Il convenait de déterminer si ce facteur devait être considéré comme applicable lorsqu'un régime est « cantonné *de facto* » du fait que seul un petit nombre de contribuables résidents bénéficient effectivement de ce régime.

78.   Le cantonnement fait référence aux situations dans lesquelles un régime est « isolé partiellement ou en totalité de l'économie nationale »[16]. Comme le soulignent les paragraphes suivants, le cantonnement *de facto* n'est pas pris en compte dans la définition du cantonnement du Rapport de 1998 (OCDE, 1998[1]), ni dans les rapports ou orientations élaborés par la suite.

79.   Le Rapport de 1998 examinait deux formes de cantonnement. Sous la première forme, un régime « empêche explicitement ou implicitement les entreprises résidentes de profiter des privilèges » qu'il propose. La seconde forme correspond à un « refus explicite ou implicite d'accès aux marchés nationaux pour les investisseurs qui bénéficient du régime fiscal »[17]. Ces deux définitions sont axées sur les obstacles juridiques ou administratifs auxquels sont confrontés les résidents qui tentent d'utiliser le régime ou bien les non-résidents qui tentent d'accéder au marché intérieur. Le Rapport de 1998 indiquait cependant que la seconde forme du cantonnement pouvait inclure le refus implicite d'accès au marché. À propos de cette possibilité, le Rapport de 1998 mentionnait : « L'accès au marché peut être refusé *de facto* par la non-application des privilèges fiscaux ou par la neutralisation de ces privilèges dans la mesure où les entreprises exercent des activités sur le marché national du pays qui applique le régime ».Bien que cette affirmation emploie l'expression « *de facto* », elle vise uniquement la neutralisation *de facto* des avantages pour certains investisseurs, et non pas le nombre limité de contribuables résidents qui profitent du régime même s'ils ont accès aux avantages relevant du régime. Elle se concentre donc sur le cantonnement *implicite* dans lequel les obstacles juridiques et administratifs empêchent l'accès au marché intérieur mais de manière moins explicite que les obstacles juridiques qui, à première vue, entravent l'accès aux contribuables résidents. Cet examen du cantonnement implicite ne traite pas du cantonnement *de facto*, lorsqu'il n'existe pas d'obstacles juridiques empêchant l'accès mais qu'en revanche, seul un petit nombre de contribuables résidents bénéficient du régime.

80.   Un *cantonnement explicite* se produit donc lorsqu'un régime, selon ses propres conditions, exclut l'accès aux contribuables résidents ou au marché intérieur. Le *cantonnement implicite* se produit lorsqu'un régime n'exclut pas l'accès aux contribuables résidents ou au marché national, dans ses textes de loi mais plutôt par le biais d'obstacles administratifs ou juridiques qui empêchent les contribuables résidents ou les acteurs du marché national de profiter du régime ou bien leur interdisent. En revanche, le *cantonnement de facto* intervient lorsque, même en l'absence d'obstacles administratifs ou juridiques, les contribuables résidents ne représentent encore qu'un pourcentage limité des contribuables qui bénéficient du régime.

81.   Pour clarifier cette distinction entre le cantonnement *implicite*, qui est déjà pris en compte dans la définition du cantonnement inacceptable, et le cantonnement *de facto*, qui ne l'est pas, prenons deux exemples. Premièrement, examinons le cas d'un régime qui est, par définition, accessible à tous les contribuables éligibles mais dans lequel la pratique administrative de la juridiction a pour effet de limiter le régime aux contribuables étrangers. Ce régime est cantonné implicitement et il serait déjà pris en compte dans la définition du cantonnement telle qu'elle figure dans le Rapport de 1998 (OCDE, 1998[1]) et dans la Note d'application consolidée (OCDE, 2004[4]). Deuxièmement, prenons l'exemple d'un régime qui, selon ses conditions, est accessible à tous les contribuables éligibles et dans lequel la juridiction ne prend aucune mesure administrative pour limiter ce régime aux contribuables étrangers. Dans la pratique, le régime est toutefois fourni par une juridiction dont l'économie à une taille relativement réduite, de telle sorte que la plupart des contribuables qui peuvent profiter de ce régime sont des contribuables étrangers. Même si tout contribuable résident éligible bénéficie du régime, les contribuables résidents ne représentent qu'une minorité des bénéficiaires du fait de la population et de l'économie de la juridiction. Cette situation n'est pas prise en compte dans la définition du cantonnement mais elle illustre le type de cantonnement *de facto* que certaines juridictions ont proposé d'inclure dans la définition du cantonnement.

82.   Le fait que le Rapport de 1998 (OCDE, 1998[1]) n'inclut pas, dans sa définition, le type de cantonnement *de facto* proposé par les délégués, est indiqué expressément dans la Note d'application consolidée qui constate que :

> « la seule absence d'opérateurs nationaux dans un secteur privilégié ou l'absence d'un marché intérieur pour les services pouvant prétendre à bénéficier du régime préférentiel *ne suffisent pas pour qu'il y ait cantonnement*. Il faut pour cela qu'une restriction juridique ou quasi-juridique soit délibérément mise à l'accès au marché intérieur, c'est-à-dire que l'accès soit refusé ou les résidents exclus du bénéfice des avantages prévus par le régime préférentiel. Ce qui importe donc, c'est de savoir si l'on est en présence de mesures prises par un pays pour se protéger lui-même des conséquences potentiellement dommageables de son régime préférentiel, et non simplement d'une obligation d'existence d'un marché intérieur ou d'utilisateurs nationaux pour les activités bénéficiant du régime préférentiel. En bref, *le Rapport de 1998 ne s'applique pas aux cas dans lesquels les entreprises qui ont droit à un régime préférentiel sont autorisées à opérer sur le marché national mais où, dans la pratique, elles ne le font pas.* »[18]

83.   Pour déterminer si la définition du cantonnement doit être élargie afin d'inclure le cantonnement *de facto*, plusieurs questions pratiques doivent être examinées.

84.   Premièrement, la prise en compte du cantonnement *de facto* dans le second facteur nécessiterait une définition de cette expression qui soulève, à son tour, d'importantes questions. Par exemple, quel est le niveau minimal des investissements intérieurs pour considérer qu'il existe un cantonnement *de facto* ? Le pourcentage d'investisseurs résidents doit-il être proportionnel, pour le pays concerné, à son poids dans population mondiale, à son poids dans le PIB mondial ou à tout autre ratio comparable ? Ou encore devrait-il y avoir un seuil minimal en-deçà duquel l'investissement intérieur ne peut pas descendre, faute de quoi le cantonnement *de facto* serait établi ?

85.   Deuxièmement, le fait de conclure que des régimes sont cantonnés en raison du nombre peu élevé d'investisseurs résidents risquerait de n'affecter que les petits pays ayant des taux élevés d'investissements étrangers et une approche de ce type est susceptible d'affecter tous les régimes de ces pays, qu'ils soient ou non dommageables. En outre, le fait de mettre l'accent sur le pourcentage d'investisseurs résidents d'un régime ne permet pas de déterminer s'il est déconnecté de l'économie nationale. Cela peut, au contraire, révéler que l'économie nationale a un nombre limité d'investisseurs pouvant bénéficier du régime ou qu'elle est dépendante des investisseurs étrangers. Aucune de ces caractéristiques générales d'une économie n'impliquerait automatiquement que tous les régimes de l'économie en question soient potentiellement dommageables mais une définition du cantonnement qui inclut le cantonnement *de facto* conduirait précisément à une telle conclusion.

86.   Troisièmement, le fait de faire reposer une décision sur le degré d'utilisation d'un régime par les contribuables résidents pourrait aboutir à une situation dans laquelle le FHTP traiterait différemment des régimes identiques dans des pays différents, uniquement du fait que l'incitation fiscale est utilisée de manière significative dans un pays mais pas dans l'autre.

87.   Quatrièmement, l'examen des régimes pour déterminer s'il existe un cantonnement *de facto* fondé sur l'utilisation nationale de l'incitation impliquerait un suivi continu de tous les régimes considérés comme non cantonnés par le FHTP afin de

vérifier que l'utilisation nationale de l'incitation est restée suffisamment significative pour conclure au maintien de l'absence de cantonnement *de facto* du régime. Il est néanmoins vrai que le FHTP s'emploie déjà à assurer un suivi régulier. Cette question précise est donc peut-être plus pertinente pour l'examen de la charge qui pèse sur les administrations fiscales et pour renforcer la sécurité juridique des contribuables qui bénéficient de régimes préférentiels.

88.   Il a donc été convenu de ne pas élargir la définition du cantonnement pour y inclure le cantonnement *de facto*. Le FHTP peut toutefois considérer le nombre relatif de contribuables résidents qui bénéficient d'un régime comme un indicateur, pour savoir s'il y a lieu de s'interroger plus avant sur l'existence éventuelle d'obstacles administratifs ou juridiques qui constitueraient un cantonnement implicite. Cela ne modifie pas la définition du cantonnement pour signifier qu'un nombre relativement limité de contribuables résidents amène à conclure qu'un régime a été cantonné.

Régimes ciblant les opérations en devises

89.   La question de savoir si les régimes qui offrent des avantages uniquement au titre des transactions libellées en monnaie étrangère pouvaient dans un quelconque cas ne pas être considérés comme cantonnés a également été soulevée. Le Rapport de 1998 donne clairement comme exemple de cantonnement les cas où « le régime ne permet pas les transactions en monnaie nationale, de sorte que le système monétaire national n'est pas touché par le régime »[19]. La Note d'application consolidée (OCDE, 2004[4]) corrobore cette conclusion, en citant comme exemple de cantonnement les « cas où la possibilité d'exercer au plan national serait limitée, ou rendue plus compliquée, par une obligation imposant aux entités pouvant bénéficier du régime de réaliser des transactions uniquement en monnaies étrangères »[20].

90.   Il ne fait donc aucun doute à première vue qu'un régime qui exige que les transactions soient réalisées en devises est isolé du marché intérieur. Certaines juridictions, néanmoins, ont demandé s'il était possible de prévoir une exception à la règle lorsque de tels régimes sont conçus non pas pour attirer l'investissement, mais pour attirer les devises afin d'équilibrer la balance des paiements. Pour qu'un tel régime soit conforme aux exigences du Rapport de 1998 (OCDE, 1998[1]) et de la Note d'application consolidée (OCDE, 2004[4])., il faudrait semble-t-il dans un tel cas que la monnaie étrangère soit accessible aux résidents nationaux et soit effectivement utilisée comme monnaie fonctionnelle alternative dans la juridiction proposant le régime. Dès l'instant où la devise est en libre circulation dans l'économie nationale et où aucun obstacle d'ordre juridique ou pratique n'empêche les contribuables résidents d'y accéder, un régime uniquement applicable aux transactions libellées dans cette monnaie risque moins d'être perçu comme cantonné. Il conviendrait que les régimes de ce type soient évalués par le FHTP au cas par cas. Si, en revanche, les contribuables résidents ne peuvent pas facilement utiliser la devise, alors un tel régime a dans la pratique pour effet de ne s'appliquer qu'aux transactions étrangères, et on peut donc considérer qu'il est cantonné. Une juridiction peut par exemple avoir instauré des limitations légales interdisant aux contribuables résidents l'accès à la devise, ou des limitations pratiques obligeant les contribuables résidents à convertir automatiquement en monnaie nationale tout ou partie des sommes libellées en devises qu'ils perçoivent, ou encore exiger l'obtention de l'autorisation de la banque centrale pour pouvoir convertir en monnaie étrangère une somme libellée en monnaie nationale, en entravant de ce fait le libre accès à la devise.

91.   Il a été conclu que les régimes qui s'appliquent uniquement aux transactions libellées en monnaie étrangère sont pris en compte dans la définition du cantonnement, mais que de tels régimes peuvent ne pas être considérés comme cantonnés

- si le régime est par ailleurs ouvert aux résidents ;

- si ceux-ci ont accès à la devise en question ;

- si la devise est en libre circulation dans l'économie nationale de sorte que la monnaie étrangère est effectivement utilisée comme monnaie fonctionnelle alternative dans la juridiction proposant le régime ; et

- si aucun contrôle des changes, ni aucun autre obstacle juridique ou pratique n'empêche les contribuables résidents de conclure des transactions dans la devise qui leur permettrait de prétendre à bénéficier des avantages offerts par le régime.

92.   Les régimes de ce type seront évalués par le FHTP au cas par cas.

Notes

[1] Action 5 du Projet BEPS – Rapport final 2015 (OCDE, 2016[2]), paragraphe 155.

[2] Action 5 du Projet BEPS – Rapport final 2015 (OCDE, 2016[2]), paragraphe 156-158.

[3] L'application de l'approche du lien aux régimes de PI est décrite en détail dans le Rapport final de 2015 sur l'Action 5 du Projet BEPS (OCDE, 2016[2]), p. 26-39.

[4] L'application des exigences relatives aux activités substantielles à tous les autres régimes est décrite en détail dans le Rapport d'étape de 2017 sur l'Action 5 du Projet BEPS (OCDE, 2017[3]), p. 39-44.

[5] Il est ici fait référence au Rapport final de 2015 sur l'Action 5 du Projet BEPS (OCDE, 2016[2]), au Rapport d'étape de 2017 (OCDE, 2017[3]), ainsi qu'à toute autre orientation relative aux activités substantielles ultérieurement approuvée par le FHTP et le Cadre inclusif.

[6] Rapport de 1998 (OCDE, 1998[1]), paragraphe 4.

[7] Rapport de 1998 (OCDE, 1998[1]), paragraphe 52.

[8] Rapport de 1998 (OCDE, 1998[1]), paragraphe 55.

[9] Cette décision a été motivée, pour une large part, par les difficultés techniques inhérentes à l'application des critères, et par le fait que les juridictions concernées n'étaient pas à l'époque associées aux travaux. La donne a, dans un cas comme dans l'autre, sensiblement évolué depuis, avec l'adoption d'orientations sur les exigences en matière d'activités substantielles dans les régimes préférentiels, et des changements institutionnels intervenus suite à la création du Cadre inclusif.

[10] Voir l'Annexe D du Rapport d'étape de 2017 sur les régimes préférentiels (OCDE, 2017[3]).

[11] Le Rapport de 1998 (OCDE, 1998[1]) utilise la terminologie « taux d'imposition effectifs nuls ou peu élevés » pour désigner les régimes préférentiels et l'expression « taux d'imposition nul ou uniquement insignifiant » pour désigner les juridictions qualifiées de « paradis fiscaux », sans mentionner un taux fixe ou spécifique. Inclure dans le champ d'application des critères les juridictions qui appliquent un taux d'imposition insignifiant, aux côtés des juridictions qui ne

prélèvent aucun impôt, permet de dissuader ces dernières d'opter pour l'introduction d'un taux négligeable.

[12] Dans la catégorie des revenus autres que les revenus de PI, certaines orientations spécifiques s'appliquent aux sociétés holding de participations au sens strict et aux activités de transport maritime étant donné leur nature. Pour la première de ces catégories, voir le paragraphe 8 de l'Annexe D du Rapport d'étape de 2017 (OCDE, 2017[3]) ; pour les compagnies maritimes, voir la note 1 sous le tableau sur le régime du transport maritime au chapitre 2 de ce même Rapport d'étape.

[13] La règle normalement applicable au titre de l'approche du lien, en vertu de laquelle les actifs de PI à caractère commercial, tels que les marques de fabrique, ne peuvent prétendre à des avantages fiscaux dans un régime de PI, reste inchangée. Toutefois, l'application de l'approche du lien pose problème pour les juridictions qui ne prélèvent qu'un impôt insignifiant voire aucun impôt. En effet, en vertu de cette approche, le traitement fiscal préférentiel ne peut s'appliquer aux revenus des actifs de PI à caractère commercial et l'impôt doit être acquitté au taux ordinaire. Néanmoins, dans le cas des juridictions ne prélevant qu'un impôt insignifiant, voire aucun impôt, il n'existe pas de taux préférentiel ou ordinaire à appliquer aux revenus tirés de ces actifs. Dans ce contexte, l'application de la règle du lien, en vertu du droit ou de toute autre façon, signifierait que les entités situées dans une juridiction qui ne prélève qu'un impôt insignifiant, voire aucun impôt ne seraient autorisées ni à détenir aucun actif de PI à caractère commercial ni à percevoir aucun rendement tiré de ces actifs, ce qui serait disproportionné.

[14] Note d'application consolidée : Indications pour l'application du Rapport de 1998 aux régimes fiscaux préférentiels (OCDE, 2004[4]) (la « Note d'application consolidée »), paragraphes 243 et 244.

[15] Voir le chapitre 5 du Rapport final de 2015 sur l'Action 5 du Projet BEPS (OCDE, 2016[2]).

[16] Concurrence fiscale dommageable : un problème mondial (OCDE, 1998[1]) (le « Rapport de 1998 »), paragraphe 62.

[17] Rapport de 1998, paragraphe 62. Le Rapport de 1998 abordait aussi brièvement une troisième forme de cantonnement : un régime qui n'autorise pas les transactions en monnaie nationale. Voir analyse ci-après aux paragraphes 77-80.

[18] Note d'application consolidée : Indications pour l'application du Rapport de 1998 aux régimes fiscaux préférentiels (OCDE, 2004[4]) (la « Note d'application consolidée »), paragraphe 68 (italiques ajoutés par nos soins).

[19] Rapport de 1998 (OCDE, 1998[1]), paragraphe 62.

[20] Note d'application consolidée (OCDE, 2004[4]), paragraphe 76.

Références

OCDE (2017), *Pratiques fiscales dommageables - Rapport d'étape de 2017 sur les régimes préférentiels : Cadre inclusif sur le BEPS : Action 5*, Projet OCDE/G20 sur l'érosion de la base d'imposition et le transfert de bénéfices, Éditions OCDE, Paris, https://dx.doi.org/10.1787/9789264283961-fr.   [3]

OCDE (2016), *Lutter plus efficacement contre les pratiques fiscales dommageables, en prenant en compte la transparence et la substance, Action 5 - Rapport final 2015*, Projet OCDE/G20 sur l'érosion de la base d'imposition et le transfert de bénéfices, Éditions OCDE, Paris, https://dx.doi.org/10.1787/9789264255203-fr. [2]

OCDE (2004), *Consolidated Application Note - Guidance in applying the 1998 report to preferential tax regimes*, OCDE, Paris, http://www.oecd.org/tax/transparency/about-the-global-forum/publications/1998-consolidated-application-note.pdf. [4]

OCDE (1998), *Concurrence fiscale dommageable : Un problème mondial*, Éditions OCDE, Paris, https://dx.doi.org/10.1787/9789264262942-fr. [1]

Annexe B. Suivi des données relatives aux régimes ne relevant pas de la PI comportant des clauses de sauvegarde

1. Introduction

1.   Le Forum sur les pratiques fiscales dommageables (FHTP) procède à l'examen des régimes préférentiels de l'ensemble des membres du Cadre inclusif. Outre l'examen des régimes, le FHTP réalise aussi un suivi annuel de certains types de régimes couvrant les domaines suivants :

- Régimes de PI (en ce qui concerne l'octroi d'avantages à la troisième catégorie d'actifs de PI et l'utilisation de la présomption réfragable) ;

- Régimes potentiellement dommageables mais qui ne le sont pas dans les faits ;

- Régimes de « zones défavorisées » ; et

- Activités substantielles dans les régimes ne relevant pas de la PI examinés à partir de 2017.

2.   Pour ce qui concerne les régimes préférentiels autres que les régimes de PI examinés à partir de 2017, l'Annexe B du Rapport d'étape de 2017 fournit les orientations relatives à la suppression de ces régimes et aux clauses de sauvegarde correspondantes. (OCDE, 2017[3]) Ces orientations indiquent la nécessité de procéder à un suivi complémentaire pour tout régime ne relevant pas de la PI comportant des clauses de sauvegarde. La présente Annexe décrit les données à recueillir et le processus applicable au titre de ce suivi complémentaire.

2. Approche du suivi des régimes ne relevant pas de la PI comportant des clauses de sauvegarde

3.   Le périmètre de cet exercice de suivi couvre les régimes non liés à la PI examinés à partir de 2017, modifiés ou abolis par les juridictions afin d'en supprimer les caractéristiques dommageables, et qui comportent des clauses de sauvegarde. Ne sont pas concernés les régimes sous examen, en cours de modification ou de suppression, les régimes qui ne sont pas jugés dommageables, ceux qui sont hors champ d'application, ceux qui sont considérés comme potentiellement mais pas effectivement dommageables ou qui ne comportent aucune clause de sauvegarde.

4.   Le suivi des clauses de sauvegarde des régimes qui ne relèvent pas de la PI vise à permettre un suivi plus poussé et régulier par le FHTP de la façon dont les juridictions mettent en œuvre concrètement les clauses de sauvegarde. Ce mécanisme de suivi assure aux juridictions qu'elles appliquent et mettent en œuvre leurs clauses de sauvegarde de manière optimale. Le nombre des contribuables couverts par des clauses de sauvegarde au titre de ces régimes est stable ou en diminution puisque qu'aucun nouveau contribuable ne peut adhérer à ces régimes. Si tel n'est pas le cas, les juridictions doivent

communiquer des informations complémentaires visant à expliquer la raison de cette augmentation et à mettre au point toute mesure correctrice nécessaire permettant d'y remédier. Cette obligation vaut également lorsque le montant des revenus augmente fortement, dans la mesure où les nouveaux actifs et les nouvelles activités ne peuvent pas bénéficier des clauses de sauvegarde.

5.   Pour s'assurer que les clauses de sauvegarde sont correctement appliquées, le FHTP analysera les données une fois par an. Le processus de suivi commence au moment où débute la période de maintien des droits acquis. Pour l'ensemble des régimes examinés en 2017, le processus législatif devant conduire à leur modification ou à leur suppression devait être achevé le 31 décembre 2017 au plus tard, la période de maintien des droits acquis ne débutant qu'après cette date. Le suivi prend fin dès lors que les juridictions ont communiqué les informations relatives à la fin de la période de maintien des droits. S'agissant des régimes examinés courant 2017, le maintien des droits s'achèvera dans la plupart des cas en juin 2021 au plus tard. Lorsque le FHTP autorise une prolongation à titre exceptionnel de la période de maintien des droits acquis, comme expliqué au paragraphe 18 du Rapport d'étape de 2017 (OCDE, 2017[3]), aucun suivi n'est nécessaire, sachant que dans ces cas de figure, des exigences supplémentaires en matière d'échange spontané de renseignements s'appliquent.

6.   Le suivi comporte deux aspects : les données à recueillir et le mode de communication de ces données au FHTP.

3. Identification des données à collecter

7.   Les données à collecter doivent inclure tous les éléments suivants :

- Une description du mécanisme destiné à garantir que les nouveaux adhérents (les nouveaux contribuables, comme les nouveaux actifs/nouvelles activités) rejoignant un régime après la date limite (date de la décision du FHTP, par exemple) ne bénéficient pas des clauses de sauvegarde ;

- Une description du mécanisme destiné à garantir que les bénéficiaires des droits acquis ne bénéficient plus des avantages après la fin de la période de maintien des droits ;

- Le nombre de contribuables bénéficiant du régime au cours de l'année de fermeture du régime (c'est-à-dire, l'année de modification/suppression du régime) et les années suivantes lorsque des clauses de sauvegarde existent ;

- Le montant du revenu brut qui bénéficie du maintien des droits lors de l'année de fermeture du régime et les années suivantes lorsque des clauses de sauvegarde existent ;

- Le nombre de nouveaux contribuables qui rejoignent le régime durant la période comprise entre la date limite (c'est-à-dire, la date de publication de la décision par le Cadre inclusif) et la date de fermeture du régime (12 mois au plus tard à compter de la date limite ou, si le processus législatif le nécessite, avant le 31 décembre de l'année civile qui suit la date limite) ; et

- Lorsque des avantages concernent des actifs ou des activités spécifiques, le nombre total de nouveaux actifs et de nouvelles activités couverts par le régime au cours de la période comprise entre la date limite (c'est-à-dire, la date de publication de la décision par le Cadre inclusif) et la date de fermeture du régime

(12 mois au plus tard à compter de la date limite ou, si le processus législatif le nécessite, avant le 31 décembre de l'année civile qui suit la date limite).

8.   Ces données visent à équilibrer la charge administrative qui pèse sur les juridictions concernées par le processus de suivi, et, parallèlement, à faire en sorte que le FHTP soit à même d'identifier tout risque potentiel et demander des renseignements complémentaires si besoin.

9.   Les informations transmises doivent porter sur toutes les années durant lesquelles le maintien des droits s'applique. Pour que le FHTP puisse établir des comparaisons avec la période qui précède la fermeture du régime, il convient aussi de fournir des données économiques sur l'exercice antérieur au début de la période de maintien des droits.

10.   Pour permettre au FHTP de confirmer qu'aucun avantage n'est accordé au-delà de la période de maintien des droits, les juridictions doivent également communiquer des données ayant trait à l'exercice suivant la date de fin de la période de maintien des droits acquis.

11.   Il existe différentes façons de collecter les données. Les juridictions peuvent, par exemple, se les procurer par le biais des déclarations de revenus des contribuables, ou bien elles peuvent imposer aux contribuables une obligation déclarative annuelle spécifique. Si le contribuable se voit notifier une décision concernant le régime préférentiel, les renseignements peuvent être récupérés de cette façon.

4. Mode de communication des données au FHTP

12.   L'Annexe B du Rapport d'étape de 2017 (OCDE, 2017[3]) précise que les données relatives aux régimes ne relevant pas de la PI comportant des clauses de sauvegarde doivent être communiquées sur une base annuelle.

13.   Ces données seraient transmises par le biais d'un questionnaire succinct couvrant les données mentionnées au paragraphe 7. Ce questionnaire serait complété, à compter de 2019, avant la première réunion du FHTP de chaque année par les juridictions concernées. Les questionnaires seraient rassemblés et distribués pour examen au cours de la première réunion du FHTP de chaque année.

14.   Si, au début de chaque année, certaines données statistiques ne sont toujours pas disponibles, par exemple parce que les déclarations de revenu ont été envoyées tardivement l'année précédente, la juridiction serait tenue de fournir autant de renseignements que possible puis de transmettre au Secrétariat les informations complémentaires dès qu'elles sont disponibles.

5. Résultats possibles du processus de suivi

15.   L'examen des données de suivi devrait être mis en œuvre au cas par cas, en tenant compte des faits et circonstances concernés. Au cours de la réunion du FHTP lors de laquelle les données de suivi sont communiquées, le FHTP aurait la possibilité de poser des questions au sujet des régimes non liés à la PI comportant des clauses de sauvegarde.

16.   Si le FHTP juge suffisantes les explications fournies par la juridiction et si les données de suivi révèlent que le nombre de contribuables utilisant le régime est stable ou en diminution, aucun examen du régime ne serait nécessaire.

17.   Si les données de suivi révèlent un usage accru du régime et/ou si le FHTP juge que les mécanismes et les explications complémentaires fournies par la juridiction ne sont pas suffisants, le FHTP devrait déterminer les types de données et d'informations supplémentaires qu'il convient de demander à la juridiction dont les régimes prévoient des clauses de sauvegarde. Les données et/ou informations supplémentaires devraient être communiquées avant la prochaine réunion du FHTP. Si rien ne justifie l'usage accru du régime, le FHTP devrait émettre une recommandation à l'intention de la juridiction lui demandant de régler le problème et de veiller à ce qu'aucun avantage fiscal ne soit octroyé indûment (ou bien d'annuler les avantages accordés), au cas par cas si nécessaire. Si la juridiction concernée ne met aucune mesure en œuvre avant la prochaine réunion du FHTP, le FHTP pourrait envisager de réexaminer sa décision sur le régime en ce qui concerne la période de maintien des droits. Toute décision relative au régime serait prise au consensus moins une voix. Si la juridiction ne transmet pas au FHTP les informations requises nécessaires pour permettre au FHTP d'avoir suffisamment de garanties quant à la mise en œuvre des clauses de sauvegarde dans la pratique, la juridiction devrait fournir des explications à ce sujet et le FHTP devrait réfléchir aux prochaines mesures appropriées qu'il convient de mettre en œuvre.

Références

OCDE (2017), *Pratiques fiscales dommageables - Rapport d'étape de 2017 sur les régimes préférentiels : Cadre inclusif sur le BEPS : Action 5*, Projet OCDE/G20 sur l'érosion de la base d'imposition et le transfert de bénéfices, Éditions OCDE, Paris, https://dx.doi.org/10.1787/9789264283961-fr. [3]

OCDE (2016), *Lutter plus efficacement contre les pratiques fiscales dommageables, en prenant en compte la transparence et la substance, Action 5 - Rapport final 2015*, Projet OCDE/G20 sur l'érosion de la base d'imposition et le transfert de bénéfices, Éditions OCDE, Paris, https://dx.doi.org/10.1787/9789264255203-fr. [2]

OCDE (2004), *Consolidated Application Note - Guidance in applying the 1998 report to preferential tax regimes*, OCDE, Paris, http://www.oecd.org/tax/transparency/about-the-global-forum/publications/1998-consolidated-application-note.pdf. [4]

OCDE (1998), *Concurrence fiscale dommageable : Un problème mondial*, Éditions OCDE, Paris, https://dx.doi.org/10.1787/9789264262942-fr. [1]

Annexe C. Principaux documents de référence

Cette annexe présente les principaux documents de référence relatifs aux travaux du FHTP.

OCDE (2018), *Pratiques fiscales dommageables – Rapports d'examen par les pairs relatifs à l'échange de renseignements sur les décisions fiscales de 2017 : Cadre inclusif sur le BEPS : Action 5*, OCDE, Paris, http://www.oecd.org/fr/fiscalite/beps/beps-action-5-pratiques-fiscales-dommageables-rapports-d-examen-par-les-pairs-2017.pdf.

OCDE (2018), *Harmful Tax Practices – 2017 Peer Review Reports on the Exchange of Information on Tax Rulings: Inclusive Framework on BEPS: Action 5*, Projet OCDE/G20 sur l'érosion de la base d'imposition et le transfert de bénéfices, Éditions OCDE, Paris, https://doi.org/10.1787/9789264309586-en.

OCDE (2017), *Harmful Tax Practices - Peer Review Reports on the Exchange of Information on Tax Rulings: Inclusive Framework on BEPS: Action 5*, Projet OCDE/G20 sur l'érosion de la base d'imposition et le transfert de bénéfices, Éditions OCDE, Paris, https://doi.org/10.1787/9789264285675-en.

OCDE (2017), *Pratiques fiscales dommageables - Rapport d'étape de 2017 sur les régimes préférentiels : Cadre inclusif sur le BEPS : Action 5*, Projet OCDE/G20 sur l'érosion de la base d'imposition et le transfert de bénéfices, Éditions OCDE, Paris, https://doi.org/10.1787/9789264283961-fr.

OCDE (2017), *BEPS Action 5, Pratiques fiscales dommageables - le cadre de transparence : Documents pour l'examen par les pairs*, Projet OCDE/G20 sur l'érosion de la base d'imposition et le transfert de bénéfices, OCDE, Paris, http://www.oecd.org/fr/fiscalite/beps/beps-action-5-sur-les-pratiques-fiscales-dommageables-examens-par-les-pairs-du-cadre-de-transparence.pdf.

OCDE (2015), *Lutter plus efficacement contre les pratiques fiscales dommageables, en prenant en compte la transparence et la substance, Action 5 - Rapport final 2015*, Projet OCDE/G20 sur l'érosion de la base d'imposition et le transfert de bénéfices, Éditions OCDE, Paris, https://doi.org/10.1787/9789264255203-fr.

OCDE (2006), *Projet de l'OCDE sur les pratiques fiscales dommageables : Mise à jour 2006 sur le progrès dans les pays membres*, OCDE, Paris, https://www.oecd.org/fr/ctp/dommageables/37446444.pdf.

OCDE (2004), *Projet de l'OCDE sur les pratiques fiscales dommageables : Rapport d'étape 2004*, OCDE, Paris, https://www.oecd.org/fr/ctp/dommageables/30901107.pdf.

OCDE (2004), *Note d'application consolidée - Indications pour l'application du Rapport 1998 aux régimes fiscaux préférentiels*, OCDE, Paris, https://www.oecd.org/fr/ctp/dommageables/30901141.pdf.

OCDE (2001), *Projet de l'OCDE sur les pratiques fiscales dommageables : Rapport d'étape 2001*, OCDE, Paris, https://www.oecd.org/fr/ctp/dommageables/2664477.pdf.

OCDE (2000), *Vers une coopération fiscale globale - Rapport pour la Réunion du Conseil au niveau des Ministres de 2000 et recommandations du Comité des Affaires Fiscales - Progrès dans l'identification et l'élimination des pratiques fiscales dommageables*, OCDE, Paris, https://www.oecd.org/fr/ctp/dommageables/2090184.pdf.

OCDE (1998), *Concurrence fiscale dommageable : Un problème mondial*, Éditions OCDE, Paris, https://doi.org/10.1787/9789264262942-fr.

ORGANISATION DE COOPÉRATION ET DE DÉVELOPPEMENT ÉCONOMIQUES

L'OCDE est un forum unique en son genre où les gouvernements oeuvrent ensemble pour relever les défis économiques, sociaux et environnementaux que pose la mondialisation. L'OCDE est aussi à l'avant-garde des efforts entrepris pour comprendre les évolutions du monde actuel et les préoccupations qu'elles font naître. Elle aide les gouvernements à faire face à des situations nouvelles en examinant des thèmes tels que le gouvernement d'entreprise, l'économie de l'information et les défis posés par le vieillissement de la population. L'Organisation offre aux gouvernements un cadre leur permettant de comparer leurs expériences en matière de politiques, de chercher des réponses à des problèmes communs, d'identifier les bonnes pratiques et de travailler à la coordination des politiques nationales et internationales.

Les pays membres de l'OCDE sont : l'Allemagne, l'Australie, l'Autriche, la Belgique, le Canada, le Chili, la Corée, le Danemark, l'Espagne, l'Estonie, les États-Unis, la Finlande, la France, la Grèce, la Hongrie, l'Irlande, l'Islande, Israël, l'Italie, le Japon, la Lettonie, la Lituanie, le Luxembourg, le Mexique, la Norvège, la Nouvelle-Zélande, les Pays-Bas, la Pologne, le Portugal, la République slovaque, la République tchèque, le Royaume-Uni, la Slovénie, la Suède, la Suisse et la Turquie. La Commission européenne participe aux travaux de l'OCDE.

Les Éditions OCDE assurent une large diffusion aux travaux de l'Organisation. Ces derniers comprennent les résultats de l'activité de collecte de statistiques, les travaux de recherche menés sur des questions économiques, sociales et environnementales, ainsi que les conventions, les principes directeurs et les modèles développés par les pays membres.

ÉDITIONS OCDE, 2, rue André-Pascal, 75775 PARIS CEDEX 16

(23 2018 58 2 P) ISBN 978-92-64-31149-7 – 2019

Printed by Libri Plureos GmbH in Hamburg,
Germany